文成天縱

民族語言文字叢書

MINZU YUYAN WENZI CONGSHU

北京師範大學圖書館 編

①

廣西師範大學出版社
GUANGXI NORMAL UNIVERSITY PRESS
·桂林·

圖書在版編目（CIP）數據

民族語言文字叢書 ： 全 4 册 / 北京師範大學圖書館編. -- 影印本. -- 桂林 : 廣西師範大學出版社，2024.11
ISBN 978-7-5598-6720-9

Ⅰ. ①民… Ⅱ. ①北… Ⅲ. ①少數民族一民族語言學一中國 Ⅳ. ①H2

中國國家版本館 CIP 數據核字（2024）第 020263 號

廣西師範大學出版社出版發行
（廣西桂林市五里店路 9 號　郵政編碼：541004
網址：http://www.bbtpress.com）
出版人：黄軒莊
全國新華書店經銷
三河弘翰印務有限公司印刷
（河北省三河市黄土莊鎮二百户村北　郵政編碼：065200）
開本：787 mm × 1 092 mm　1/16
印張：110.5　　字數：1 768 千
2024 年 11 月第 1 版　　2024 年 11 月第 1 次印刷
定價：3600.00 元（全 4 册）

出版説明

語言文字是人類社會重要的信息交流工具和文化傳承載體，在文化建設中具有重要作用。以語言文字爲載體，既可體現本民族、本地區社會文化的鮮明特徵，展現中華文化多樣性，又可打破交流壁壘，促進各民族、各地區之間的交往和交融，提升中華民族凝聚力。

在各類語言文字相關史料中，少數民族語言文字資料具備特别價值。我國有識之士很早就認識到了這一點，民國時期，部分民族語言學者通過理論探索、田野調查等多種方式，搜集、整理、撰寫了一批少數民族語言文字資料，成爲記録語言文字變遷和時代發展的重要印記。《民族語言文字叢書》（以下簡稱《叢書》）共收録民國時期蒙古文、西夏文、藏文以及壯侗語族侗水語支語言之一的莫家話、壯語中的武鳴土語等少數民族語言文字文獻五種，具體如下：

一、《蒙文分類辭典》

《蒙文分類辭典》，汪睿昌輯，北京蒙文書社民國十五年（一九二六）刊本。本書所收蒙古文詞彙逾一萬五千條，依詞義分爲二百九十二類，每一蒙古文詞語皆有相應之漢語譯詞。作爲蒙古族翻譯家與出版家，汪睿昌從這本書編纂至印刷，都做了不少工作，《蒙文分類辭典》的出版也爲當時民族間交流發展做出了應有的貢獻：其一，促進民族文化交流。本書乃蒙漢對照之辭典，有助於蒙古族與漢族人民互相瞭解，進而推動民族間的文化交流與融合。其二，豐富辭典學領域的編研成果。本書專爲蒙漢互譯而製，豐富了我國辭典種類，爲後世相關辭典編纂提供了借鑒與參考。其三，推動蒙古族文化研究。本書收録衆多蒙古文詞彙，涵蓋天文、地理、動植物等多個方面，爲蒙古族文化研究提供了豐富材料。同時，本書還收羅有蒙古文方言、俚語等，有助於深入瞭解、掌握、研究蒙古文及蒙古族文化。

二、《西夏國書略説》

《西夏國書略説》，羅福萇著，民國三年（一九一四）大連墨緣堂石刊本。本書堪稱是我國學者研究西夏文字之開端，並開創了利用部首解析西夏文字的先河。本書采用漢字六書之法（即指事、象形、會意、假借、轉注、形聲）剖釋西夏文，並考證出二十幾個西夏文偏旁部首。按其體例，可分四部分，即書體、説字、文法、遺文。書體部分闡述西夏文字基本構造與特點；説字部分詳細解析字形偏旁，包括其音、形、義等解釋；文法部分介紹西夏語法與詞彙特點；遺文部分收録西夏文歷史文獻及文學作品。

本書形成經過，正如羅福萇在序中所言："恨西人所考不得寓目，孤學無所證也，尋於羽田學士，許得毛氏書讀之，顧惜其未及造字行文之恉，爰條記數月以來研究所得，以補毛氏之略，爲《西夏國書略説》。"羅福萇的研究爲西夏文字研究提供了重要的思路與方法，亦爲學者瞭解、研究西夏文化及漢字發展歷程等諸方面提供了珍貴的研究資料，具有重要的參考價值。

三、《新編藏漢小辭典》（上、下册）

《新編藏漢小辭典》，楊質夫編，青海省藏文研究社民國二十一年（一九三二）刊本。這部辭典作爲漢、藏文化交流工具書，以"英人達氏所編《英藏辭典》"爲參考，"擇其普通應用之字數千，益以《蒙藏字典四體合璧》及藏籍中常見之字共一萬以上，録成小帙"（《新編藏漢小辭典》"自序"），以"專供漢人研究藏文或藏人研究漢文時檢查之用"（《新編藏漢小辭典》"例言"），不僅是藏族人學習漢文的津渡，爲漢、藏文化交流打下了基礎，也方便其他民族進一步瞭解藏文與藏族文化。

四、《武鳴土語》

《武鳴土語》，李方桂著。本書始於民國二十四年（一九三五）作者抵達廣西南寧武鳴縣進行調查研究時，至民國三十年（一九四一）著成，爲鉛印本。作者在序中説："這本書的材料是著者一九三五年秋天在南寧收集的。……發音人是蘇增偉先生。他是武鳴縣東部大明山脚馬頭村人。""武鳴土語是僮語（僮字音讀如壯）的一個方言，跟貴州册亨語（參看 Jos.Esquirol 及 Gust.Williatte，Essai de Dictionnaire Dioi–Francais，Hongkong1908）相近。……在研究台語系統上占很重要的位置。這本書的主要目的便是貢獻點我們極需的材料。"

本書分爲三章，詳記武鳴地區壯族語言之語音、語法、詞彙等方面的特點。首章主要探討壯語音韵及漢語對壯語的影響、漢語借詞等内容；第二章選取諸多壯族傳統詩歌、故事、寓言，如古壯字改編版《梁山伯祝英台》，以對歌形式呈現，取其部分内容，並附漢壯對譯；第三章爲詞彙部分。本書對研究壯語語言及語音學具有重要價值，爲後世語言學研究提供了重要參考。此外，本書的出版標志着中國描寫語言學的興起與發展，該理論後被廣泛應用於語言學研究、語音學分析、民族語言研究等諸多領域。

五、《莫話記略》

《莫話記略》，李方桂著，國立中央研究院歷史語言研究所民國三十二年（一九四三）五月刊本。本書所載莫話，乃壯侗語族侗水語支語言之一。作者於書中介紹説："莫話之所以叫作莫話，就因爲説這種話的人差不多全姓莫。這種人也就叫作莫家。"（《莫話記略》"導論"）其地主要在貴州荔波縣的西北境，方村、陽鳳二鄉。作考在方村進行了實地考察，發音合作者爲莫孟儒。

全書共四章，首章"導論"概述莫話所在地域及莫話與其他語言的關聯。第二章"音韵"論述莫話聲韵體系，作者在詳述聲母、韵尾輔音、元音、韵母、聲調及輕聲後，整理出《單純聲母與韵母配合表》及《帶 j 及帶 w 聲母與韵母配合表》等成果，並簡述韵母與聲調、聲母與聲調之間的關係。第三章"故事"收録八則故事及一首歌詞，左列國際音標注音及逐字對譯，右列相應譯文。第四章"詞彙"依音序排列，共收約三千個常用詞彙及短語，各詞條先列國際音標注音，後附漢語譯文，内容豐富，爲莫話詞彙學研究提供了重要參考。

本書係有關壯侗語族侗水語支語言之一——莫話的重要文獻，其價值及意義有二：（一）書中具體内容爲研究者提供實例與參考。本書詳述了莫話的語法、詞彙、發音等特色，爲相關研究提供了基礎材料。（二）全書整體描繪了地域語言與社會文化的關係。本書既描繪了莫話所在地區的文化背景及其與社會的關聯，爲研究侗水語支語言的演變與發展提供了重要綫索，也通過莫話的研究探討了其與當地文化、社會的互動影響，爲研究語言與社會文化關係提供了新的思路和方法。

《叢書》所選的五種北京師範大學圖書館藏民國時期民族語言文字資料，内容涉及蒙古文、西夏文、藏文、壯侗語族侗水語支語言之一的莫家話、壯語中的武鳴土語，主要包括詞彙、字形、字體結構、語音、語法等多個方面，並延及部分民族歷史文獻、民間文學作品、習俗文化以及各民族間的交流融通狀况等，爲語言學、文字學、文獻學、歷史學、社會學等相關領域的研究以及跨學科研究提供了資料基礎。同時，在中華語言文字的大框架下，它的出版對於保護民族語言文字多樣性及深入開展相關學術研究、弘揚中華優秀傳統文化、鑄牢中華民族共同體意識等具有一定的促進作用。

廣西師範大學出版社北京文獻出版中心

二〇二四年二月

總目録

第一册

第二册

第三册

第四册

第一册目録

蒙文分類辭典

汪睿昌輯

民國十五年（一九二六）

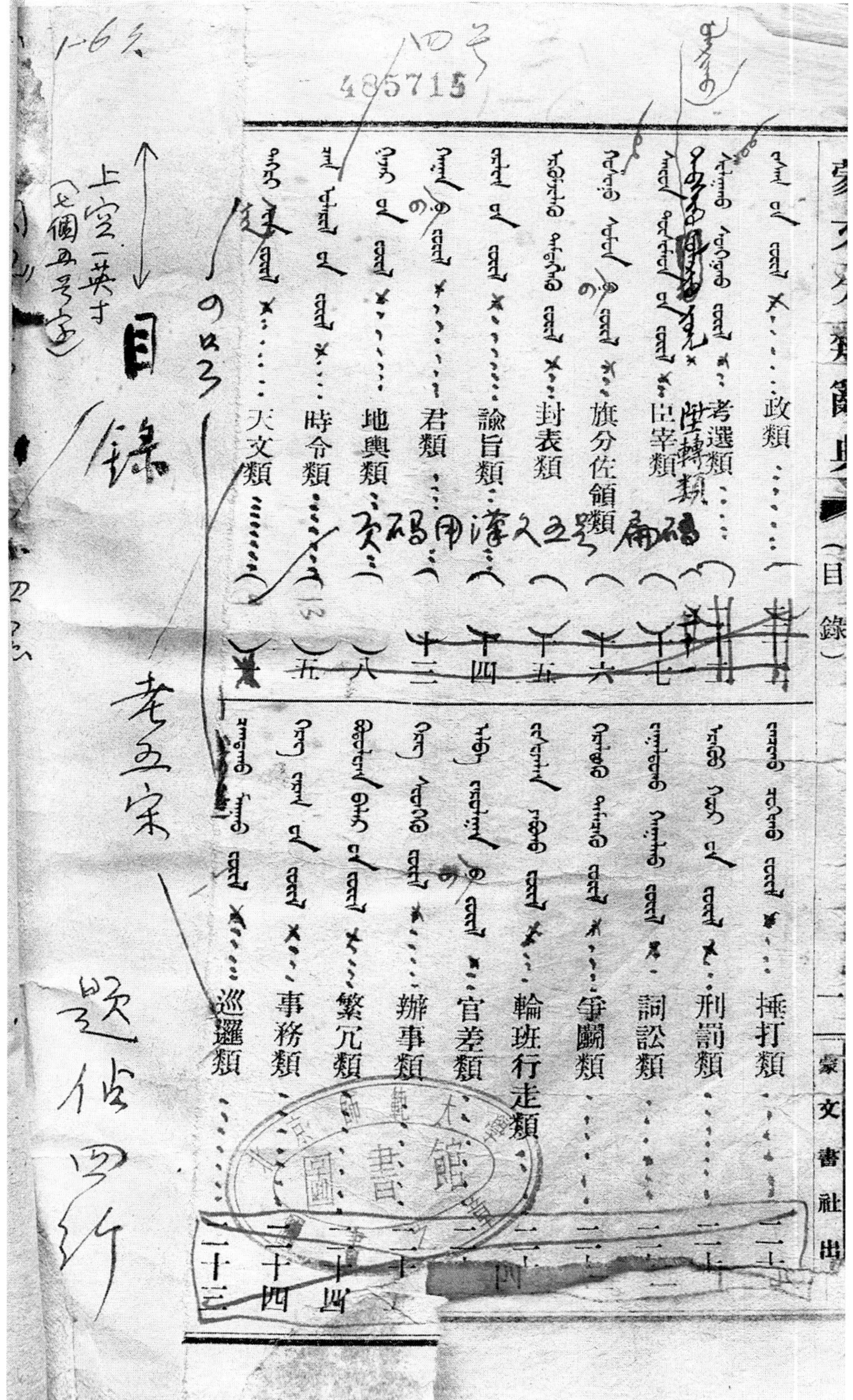

蒙文分類辭典（目錄）

一

蒙文書社出

蒙文分類辭典（目錄） 二 蒙文書社出版

006

蒙文分類辭典（目錄） 三

目錄

蒙文書社出版

蒙文書社出版

蒙文分類辭典

（天文類）

天亮
黎明
黑朧朧
東方明
晨光現出
晨光
天氣清肅
清天
倉天
上天
天

日光
清明
光耀
光
日
天涯
天河
昏暮
天晚
黃昏
天大亮

影
背陰
陰涼
日暖
日暘
暘
回光亂動
回光蕩漾
光射
日光轉射
日照

一

蒙文書社出版

天文類

月
日食
日暈
日珥
日色淡
日入
日平西
日大斜
日微斜
日午
日升
日出
隙光

北晨
星
月食
月暈
風曀
月色淡
月圓
下弦
上弦
月牙
月暗
月朗
明月

土星
火星
木星
太乙星
瑤光
帝車
北斗
七星
景星
太子帝星總名
太子星
帝星
大極星

房
氐
亢
角
宿
亮星
太白
計都星
月孛星
紫炁星
羅睺星
水星
金星

胃
婁
奎
壁
室
危
虛
女
牛
斗
箕
尾
心

天豕星
伐星(卽三星)
軫
翼
張
星
柳
鬼
井
參
觜
畢
昴

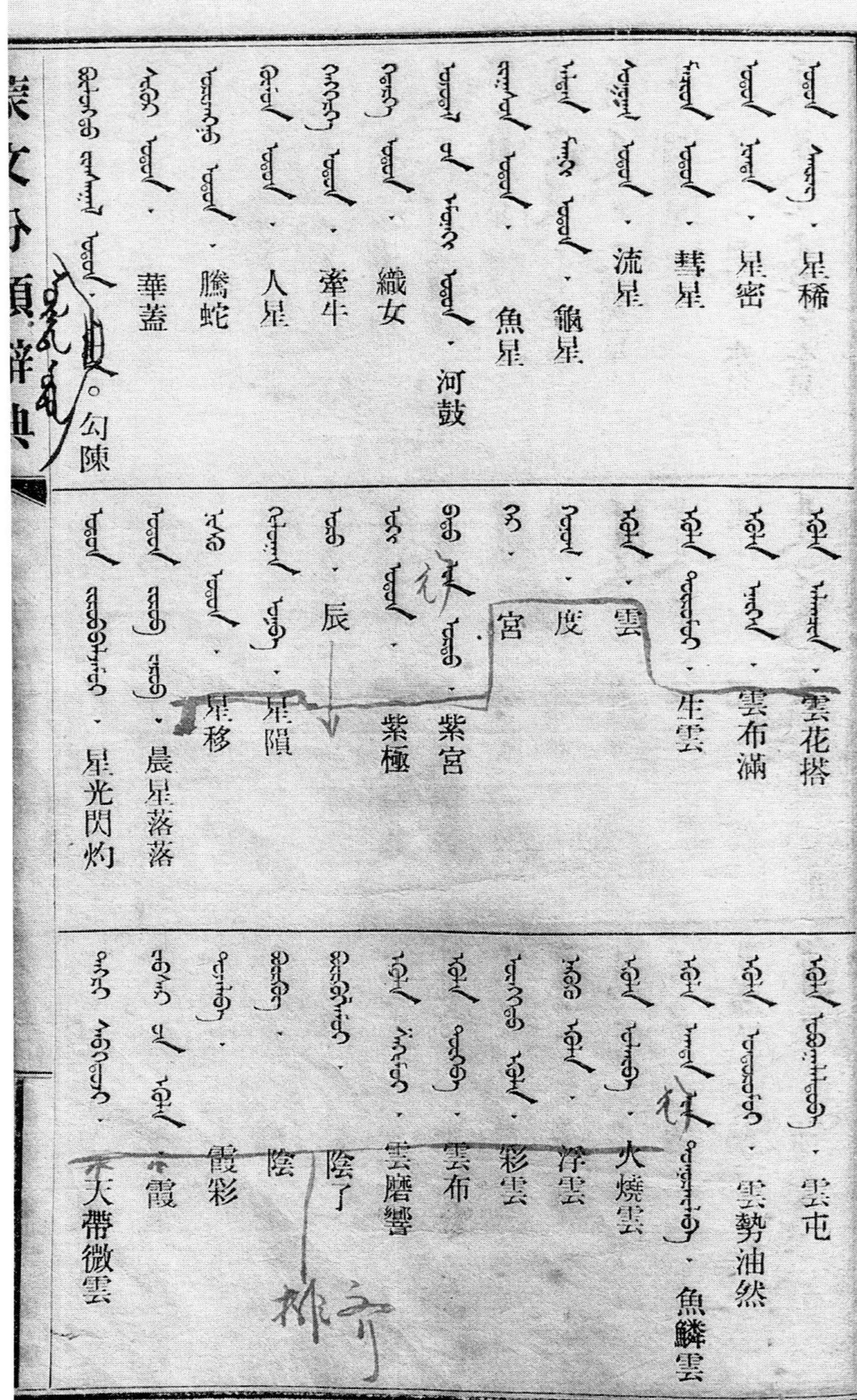

蒙文分類辭典

星稀
星密
彗星
流星
龜星
魚星
河鼓
織女
牽牛
人星
騰蛇
華蓋
勾陳

雲花搭
雲布滿
生雲
雲
度
宮
紫宮
紫極
辰
星隕
星移
晨星落落
星光閃灼

雲屯
雲勢油然
魚鱗雲
火燒雲
浮雲
彩雲
雲布
雲磨響
陰了
陰
霞彩
霞
天帶微雲

蒙文分類辭典（天文類）

轟雷
雷鳴
雷
濛氣凝聚
霧收
下濃霧
霧沉
霧高起
下霧
霧
雲收
雲散
雲霞斷處

甘雨
釀雨
下雨
雨
露水閃
電光接連
電光微閃
電光閃灼
打閃
電
雷擊
焦雷
雷聲不斷

盆傾雨
滂沱雨
雨起泡
雨瀟瀟
細雨
微雨
帶日下雨
暴雨
雨陣陣下
細雨濛濛
疎雨點點
下雨點
雨點

蒙文書社出版

晴明天
假陰天
晴了
雨晴
陣頭雨
雨少停
雨浸潤
雨透
雨霑足
飈風雨
霪雨
連陰雨
大雨如注

下露
露
未被雹打
被雹打了
下雹
雹
虹消
雲遮虹霓
虹現
虹霓
漢語同上
漢語同上
密雲忽開

風雪有聲
下雪片
雪片
下雪
雪
霜降
霜
寒露
白露
甘露
露珠蕩漾
露光閃灼
露凝

凡是漢文都盡量使其排齊，特殊情形例外。以下皆同

雪融化
雪面堅凍
雪浮凍
春雪凝凍
雪上微凍
簷冰垂凌
簷凌
凍雪漫草上
風揚雪
風雪飄蕩
帶日下雪
下米心雪
米心雪

煙靄生
烟靄
旋風
風
游絲
物凝結寒氣著
寒氣凝結
煙氣浮布
煙氣
靄氣
野馬
氣
桃花水

排齊

大風
倒捲風
背風
迎風
涼風
寒風
薰風
溫風
暖風
和風
漢語同上
刮風
風起

排齊

木
火
水
五行
陰
陽

丙
乙
甲
干
土
金

壬
辛
庚
已
戊
丁

時令類

旁風
陣陣刮風
狂風
飄風
微風

風攪起面沙雪
風揚塵
風頂住
風鳴條
迴風

風息
風定
風平了
沙被風淤
風攪沙雲

戌
酉
申
未
午
巳
辰
卯
寅
丑
子
文
癸

起初
昔
早已
先
先前
古
世
四季
四時
季
候
時
亥

使先
先之
首先
預先備用
預先
預前些
預先
一個去了頭
頭一個
開首
當初
起根
元

新近
隨卽
時會
機會
一向
臨時
現今
今
間空
餘暇
使迭當
迭當
漢語同上

迄今
至今
儘着
以來
猝然
忽然間
忽然
卽刻
暫時
頃刻
將纔
纔
方纔

至於窮盡
盡頭
正在間
至於
直至
漸次
漸漸的
漸
尚未
好一會
少遲
少時些二
少時

屬相年

整年

經年

每年

本命年

紀

週年

年

後來的

後來

直到末尾

末尾

直到完

澇

饑年

豐年

富歲

後年

明年

來年

本年

今年

去年

前年

昔年

某年的

月大

十二月

十一月

正月

月

冬

秋

夏

春

漢語同上

亢旱

旱

澇了

去月
上月
前月
往月
行嫁月
某月的
累月
每月
月將盡
月盡
月初
閏月
月小

正月二日
上元後一日
上元
元旦
節令
日
雙月
單月
來月
下月
本月
今月
新月

月恩日
母倉日
天願日
天赦日
天恩日
除夕
臘八
重陽
中秋
七夕
伏
端午
清明

恩

明朝
明日
每日早辰
今早
本日
今日
昨日
前日
凶日
吉日
昔日
上朔日
四相日

傍早
早了
早早的
早
三十
望日
十五
朔日
初一
每日
日後
後日
次日

達旦
整夜
漢語同上
夜半
夜
每晚
晚
將晚
直至晚
傍晚
整日
終日
傍午

大熱
熱
漢語同上
亮鐘
更起
更
秒
分
刻
按時
時時
時辰
通宵

涼快
徹骨寒
寒
暖
蒸熱
燥熱
悶熱
潮熱
焦熱
炎熱
暑熱
煩熱
甚熱

中流未凍
冰凍成縷
成冰
凍
冰凍薄淩
冰
嚴寒
甚冷
大冷
冷
上凍時
陰涼
涼爽

冰雪已滗
冰凍到底
冰凍成岡
冰凍鼓起
冰裂到底
冰凍裂
冰裂成紋
冰凍堅硬
冰凍極堅
冰凍結實
忽然凍嚴
冰結成渡
冰已凍合

融化
冰解
冰凌凝聚
冰凍相觸
流澌
冰已酥透
冰化碎孔
冰化成淩
淹淩水
冰酥
冰窟窿
漫流積凍
冰凍成淩

滑跌
偏坡滑處
一齊溜冰
溜冰
滑跐
光滑
滑
地未化透
浮面微化
冰滑處
化成冰
冰融化了
化動了

地輿類

陷泥的
某處的
地方
春地酥顫
泥地初乾
地乾透
地乾
地潮
地濕
地

滓泥
膠泥
粘泥
土
瀚海
所屬地方
本地
鹻地
產鹽地
山野密林

土堆
飛塵
塵垢
塵埃
沙
草坯子
鬆土
鼓堆土
酥土
土塊

脚滑趔蹌
連連跐滑
滑濘

積水荒地
澤
寬廣
赤地
空地
厰地
平坦些
平坦
厰亮些
厰亮
曠野
出外
野

水草甸子
墖子頭
高低不平
崎嶇不平
乾濕花搭處
微高處
高阜
窪地
高地
高岡
荒火未燒地
荒燒地
牧場

青苔
陷濘
極濕難耕
顫動
顫動地
地軟顫
地發軟
地發顫
成了泥
爛泥
略陷
陷
陷泥

龍脈
風水
邱陵
鎭
漢語同上
五嶽
走平矮山
平矮山
走山
山
地起皮
雨水過透
木石上青苔

山肋險坡
走山肋險處
山肋險處
走山肋
山肋
嶺
山坡
山腿梁
走山脊
山脊
山梁
沙壅成岡
沙岡

山腿
山谷深窄處
紅土坎
山峯微懸處
山梁盡頭處
山額
上傍險峻處
山嘴
山險微平處
山嶺下坡處
走山腰
山腰
走山肋險坡

峭崖

陡壁

巉巗

危峯

峯

山灣曲僻處

山灣

山陰

山陽

沿山走

横過山腿梁

走山根

山根

突起貌

鼓起處

項

直豎

高峯尖

尖峯

險陂

險

超出

高

山無草木

荒山

懸崖

煤窰

礦

洞

獸徑

盤道

山縫

盆底坑

山溝

山谷

低

齊坎

漫坡

偏坡

艾葉青石
采石
粗石
細石
璞玉
吸鐵石
石
野鼠藏食穴
窟窿
鼠洞
穴
磁器窰
磚瓦窰

火石
磨刀石
石子
山上活石
海沫石
麵石
礓石
滑石
光潤石子
盤石
木變石
漢語同上
虎皮石

水漲出
大水汪洋
水流渟處
存水
澄下去
濁
清
淺
淵深
深
水點
水面
水

潮退
潮來
潮
洲
島
沿海
洋
海
秋水減退
水滲
水落
水濺出
水漫出

河身
小河溝
河
江
漢語同上
四瀆
潭
淵
池不凍處
汀
池
水淀
湖

冷泉
溫泉
湯泉
泉
滄
畎
溝渠
兩河中間
河港
河汊
河一邊深一邊淺處
兩河會處
河源會處

魚行水生紋
魚行的水紋
水紋
波瀾
大浪
浪
水行地中
水流
流
源
井盤架
井
淺水不乾處

銹水
發水後樹木上掛的柴草
水面青綿
渾沫泡
成沫
起浮沫
水沫
急溜不凍處
急溜
緊溜
大水漩處
漩窩
瀑布

涮
水淤沙
水壅住
水滿混動
水滿將溢
水散流
水泛溢
水滉出
水滉
水冒
水漾
水流痕
河灘

大水響流貌
大水盛流貌
水流忽緩
大水緩流貌
大水貌
乾了
使水乾
水乾
掘開
冲決
坍塌
被水冲涮了
被水冲涮

沿河岸
河岸
泉水湧出貌
水漫流貌
泉水微出貌
水旋轉貌
水直冒不斷
水從石縫直冒
水細流貌
細水長流貌
水流有聲
接流不斷貌
急流貌

涮空處
涮坍河灣子
河坡
馬頭
河坎
土方
土牛
埽
壩
堤
沿河厓
河厓
河岸墁坡

使騎馬過渡
騎馬過渡
使湯水
湯水
教湯水
使渡河
渡河
教渡河
河這邊
河那邊
彼岸
對岸
水底高坡

牲口過河
使牲口浮水
牲口浮水
扎猛子
狗刨兒
使人浮水
人浮水
一齊河內洗澡
去河內洗澡
使河內洗澡
河內洗澡
來此岸
到對岸

卑下
下首
下
上頭
崇高
略上些
上
淹沒
深入
何沉溺
使
沉溺
使浮漂
浮飄

邊
六合
隅
方
中間
中
北
南
往西
西
往東
東
往下

右
左
旁邊些
旁邊
邊角
從旁邊
旁
斜
一順
竪
横
正西
正

這邊
那邊
往後
後邊
後
往前
前邊
前

● ᡝᠵᡝᠨ ᡳ ᡥᠠᠴᡳᠨ · 君類

ᠠᠪᡴᠠᡳ ᠵᡠᡳ ·	天子
ᡥᡡᠸᠠᠩᡩᡳ ·	皇帝
ᡥᠠᠨ ·	君
ᡝᠵᡝᠨ ·	主
ᡩᡝᡵᡤᡳ	上
ᡝᠵᡝᠨ ·	皇上
ᡨᡠᠮᡝᠨ ᠰᡝ ·	萬歲
ᡝᠨᛞᡠᡵᡳᠩᡤᡝ ᡝᠵᡝᠨ ·	聖主
ᡤᡝᠩᡤᡳᠶᡝᠨ ᡝᠵᡝᠨ ·	明君
ᡥᡡᠸᠠᠩ ᡨᠠᡳᡩᡯᡳ ·	皇太子
ᠠᡤᡝ ·	皇子
ᡥᠣᡧᠣᡳ ᠴᡳᠨ ᠸᠠᠩ ·	和碩親王
ᡧᡳᡩᡯᡳ ·	世子
ᡩᠣᡵᠣᡳ ᡤᡳᠶᡡᠨ ᠸᠠᠩ ·	多羅郡王
ᠵᠠᠩᡩᡯᡳ ·	長子
ᡩᠣᡵᠣᡳ ᠪᡝᡳᠯᡝ ·	多羅貝勒
ᡤᡡᠰᠠᡳ ᠪᡝᡳᠰᡝ ·	固山貝子
ᡴᡝᠰᡳ ᠪᡝ ᡨᡠᠸᠠᡴᡳᠶᠠᡵᠠ ᡤᡠᡵᡠᠨ ᠪᡝ ᡩᠠᠯᡳᡵᡝ ᡤᡠᠩ	奉恩鎮國公
ᡴᡝᠰᡳ ᠪᡝ ᡨᡠᠸᠠᡴᡳᠶᠠᡵᠠ ᡤᡠᡵᡠᠨ ᡩᡝ ᠠᡳᠰᡳᠯᠠᡵᠠ ᡤᡠᠩ ·	奉恩輔國公
ᡤᡠᡵᡠᠨ ᠪᡝ ᡩᠠᠯᡳᡵᡝ ᡤᡠᠩ · ᠵᠠᡴᡡᠨ ᡠᠪᡠ ᡩᡝ ᡩᠣᠰᡳᠮᠪᡠᡥᠠᡴᡡ	鎮國公不入八分
ᡤᡠᡵᡠᠨ ᡩᡝ ᠠᡳᠰᡳᠯᠠᡵᠠ ᡤᡠᠩ · ᠵᠠᡴᡡᠨ ᡠᠪᡠ ᡩᡝ ᡩᠣᠰᡳᠮᠪᡠᡥᠠᡴᡡ	輔國公不入八分
ᡤᡠᡵᡠᠨ ᠪᡝ ᡩᠠᠯᡳᡵᡝ ᠵᠠᠩᡤᡳᠨ ·	鎮國將軍
ᡤᡠᡵᡠᠨ ᡩᡝ ᠠᡳᠰᡳᠯᠠᡵᠠ ᠵᠠᠩᡤᡳᠨ ·	輔國將軍
ᡤᡠᡵᡠᠨ ᠪᡝ ᡨᡠᠸᠠᡴᡳᠶᠠᡵᠠ ᠵᠠᠩᡤᡳᠨ ·	奉國將軍
ᡴᡝᠰᡳ ᠪᡝ ᡨᡠᠸᠠᡴᡳᠶᠠᡵᠠ ᠵᠠᠩᡤᡳᠨ ·	奉恩將軍
ᡠᡴᠰᡠᠨ ·	宗室
ᡤᡳᠣᡵᠣ ·	覺羅
ᡤᡠᡵᡠᠨ ᡳ ᡝᡶᡠ ·	固倫額駙
ᡥᠣᡧᠣᡳ ᡝᡶᡠ ·	和碩額駙
ᡩᠣᡵᠣᡳ ᡝᡶᡠ ·	郡王儀賓

上	中	下
縣主儀賓	妃	郡君
郡君儀賓	嬪	縣君
縣君儀賓	皇太子妃	鄉君
鄉君儀賓	固倫公主	親王福晉
皇后	和碩公主	郡王福晉
皇貴妃	郡主	貝勒福晉
貴妃	縣主	貝子福晉

● 諭旨類

上	中	下
旨	赦	節
誥	恩	朶雲
勅	賞	雲盤
詔	寶	帝系

封
勅命
誥命
册
封誥
晉封
追封
貤封
加封
受封
太傅
太師
給諡號
受旌表
旌表

● 封表類

紐
關防 時憲書
印
勅書
玉牒
憑
信牌
王命旗牌
條記
鈐記
綬
印信模糊
執照
陰文合符
陽文合符
合符
箚付

蒙文分類辭典（封表類）

十五

榮祿大夫 從一品
光祿大夫 正一品
太子少保
太子少傅
太子少師
太子太保
太子太傅
太子太師
少保
少傅
少師
太保

奉直大夫 從五品
奉政大夫 正五品
朝議大夫 從四品
中憲大夫 正四品
中議大夫 從三品
通議大夫 正三品
通奉大夫 從二品
資政大夫 正二品

登仕佐郎 從九品
登仕郎 正九品
修職佐郎 從八品
修職郎 正八品
徵仕郎 從七品
文林郎 正七品
儒林郎 從六品
承德郎 正六品

蒙文書社出版

武信佐郎 從六品

武信郎 正六品

武略郎 從五品

武德郎 正五品

宣武大夫 從四品

昭武大夫 正四品

武翼大夫 從三品

武義大夫 正三品

武功大夫 從二品

武顯大夫 正二品

振威大夫 從一品

建威大夫 正一品

儒人 文武正從七品

安人 文武正從六品

宜人 文武正從五品

恭人 文武正從四品

淑人 文武正從三品

夫人 文武正從二品

一品夫人 文武正從一品

修武佐郎 從八品

修武郎 正八品

奮武佐郎 從七品

奮武郎 正七品

義行

鄉賢

名宦

節義女

烈女

貞女

孝女

孝婦

烈婦

節婦

義夫

義士

忠臣

順孫

孝子

正紅	四甲喇	漢語同上
正白	三甲喇	內府佐領
正黃	二甲喇	公中佐領
鑲黃	頭甲喇	輪管佐領
右翼	甲喇	世官佐領
左翼	綠旗	勳舊佐領
漢軍都統	內府三旗	佐領
蒙古都統	鑲藍	蒙古二甲喇
滿洲都統	正藍	蒙古頭甲喇
八旗	鑲紅	五甲喇
旗分	鑲白	

◉ 旗分佐領類

歸化城土默特二旗
四十九旗
察哈爾八旗
各屬下人
屬下人
屬下
回子佐領
俄羅斯佐領
高麗佐領
管領下食口糧人
分管
管領
旗鼓佐領

平定準噶爾厄魯特
新投誠準噶爾十六旗
土爾扈特一旗
西藏唐古特蒙古
阿拉善山厄魯特一旗
清海三十旗
附隸八旗厄魯特
八十六旗

蒙文回回志。
（回子）两个字能不能改一下，请编者斟酌。
蒙文回回志。
哈密回子一旗
進貢回子
平定回子
新投誠回子
土爾番回子一旗
烏良海十一旗
扎哈沁一旗

臣宰類

世臣

首輔大臣

散秩大臣

議政大臣

內大臣

內大臣領侍衛

御前大臣

軍機大臣

大學士

大臣

副都御使

左都御史

侍郎

尚書

九卿

文大臣

宗人

宗正

宗令

原品致仕大臣

功臣

副都統

都統

叅贊大臣

將軍

經略

武大臣

上駟院卿

武備院卿

內務府總管

掌衛事大臣

學士

前鋒都統

護軍統領

步軍統領

世襲官

公

侯

伯

子

男

輕車都尉

騎都尉

雲騎尉

恩騎尉

廕生

官

衆官

官員

文官

卿

少卿

侍讀學士

侍讀

典籍

中書

侍講學士

侍講

修撰

編修

檢討

翰林

庶吉士

博士

待詔

孔目

叅議
通政副使
通政使
正字
贊善
中允
洗馬
諭德
庶子
少詹事 詹事府
詹事 詹事府

總管
教習
學錄
助教學正
監丞
司業
祭酒
署丞
署正
寺副
寺丞
知事
經歷

司務
司庫
評事
贊禮郎
讀祝官
主事
都事
員外郎
郎中
監察御史
給事中
副管
漢語同上

蒙文書社出版

侍衛班領
乾清門侍衛
御前侍衛
侍衛
庫使
筆帖式
副使
大使
主簿
典簿
司獄
提牢
司匠

王府長使
護衛
親軍校
藍翎侍衛
整儀尉
治儀政
雲麾使
冠軍使
鑾儀使
後護侍衛
上駟院侍衛
奏蒙古事侍衛
侍衛什長

欽天監監正
尚茶正
尚膳正
司胙官
司胙官
管領
上連用漢語同
王府隨侍
散騎郎
典儀
司儀長

欽天監監副
五官正
春官正
夏官正
中官正
秋官正
冬官正
靈臺郎
監候
挈壺正
司晨

司書
天文生
太醫院院使
太醫院院判
御醫
典樂
協律郎
司樂
樂舞生
序班

僧官
道官
知觀
武官
章京
章京等
續辦事章京
司鑰長
前鋒參領
前鋒侍衛
護軍參領

052

提調官
纂修官
副總裁官
監修總裁官
驍騎校
護軍校
前鋒校
佐領
副叅領
叅領
委護軍叅領
副護軍叅領

外簾監試官
監臨官
知貢舉
提督學政
同考官
副考官
正考官
考試官
謄錄官
繙譯官
收掌官

供事官
供給官
對讀官
彌封官
收卷官
印卷官
搜檢官
監門官
巡邏官
內簾監試官

按察使
布政使
外省官員
巡撫
漕運總督
河道總督
總督
外省大臣
廕監
監生
童生

增生
廪生
生員
案首
挨貢
優貢
拔貢
恩貢
貢生
副榜
舉人
解元
進士

會元
貢士
探花
榜眼
狀元
副指揮
指揮
驛站官
街道廳
坐糧廳
監督

理問
經歷
知縣
州判
州同
知州
通判
同知
知府
治中
府丞
府尹
道

教諭
學正
教授
典吏
驛丞
巡檢
吏目
主簿
縣丞
檢校
知事
照磨
都事

協領
翼長
總管
城守尉
運判
提舉
運副
運同
鹽運使
鹽政
訓導

中軍

把總

千總

守備

都司

遊擊

參將

副將

總兵

提督

綠營官

關口守尉

防禦

土司宣慰使

土司

供用官

供奉官

通事

通事官

審事人

嚮導

使臣

執事人

頭目

提塘

爵

小銜

大銜

土司百戶

土司千戶

土司指揮僉事

土司長官

土司招討使

土司安撫使

土司宣撫使

蒙文書社出版

缺
履歷
得錄用
錄用
超越
陞用
陞

保題
保舉
引見
開列
擬陪
擬正
補授

調用
間隔錄用
間配錄用
器使
挨次
項缺
出具考語

陞轉類

次序
品級
職任
官爵

錢糧
俸祿
職名
等第

公項
公用
公費
廩給（津液）

錄科	試	一齊揀選
一齊考試	軍政	使揀選
來考試	大計	揀選
去考試	京察	試看可否
使考試	殿試	一齊試看
考試	會試	使試看
考	鄉試	試看

考選類

舉用	罰俸	革職
掣籤	參	革退
使署理	使承襲	退
署理	承襲	降

感化了

感化

化導

化

教訓

教

經緯

治

政

道

紀

綱

權

懲

勸

威

福

澤潤

範

準則

風氣

習俗

風俗

規矩

有禮法

例

常

◉ 政類

辨別

辨

一齊辨別

使辨別

有分別

有辨別

邏
來巡察
去巡察
使巡察
巡察
巡

使查看
查看
查
傳籌
使巡邏
巡邏

使搜檢
搜檢
搜
一齊查看
來查看
去查看

巡邏類

禁止
嚴肅
法度
榜樣
樣子

禮
禁約過
禁約
傳令
令

伐
征
樂

因爲
緣故
私事
常事
公事
機密事
要事
大事
事

表
漸
要
歸着
原由
根由
終
始
末
本

奏片
啓疏
奏摺
摺子
副本
正本
奏本
題本
本
箋

事務類

去搜檢
來搜檢

看語條
本單
本腰
腰簽
票簽
簽子
貼黃
門單
排單
簡便單
說帖
單子
夾片

勘語
出語
看語
注語
案呈
堂呈
稿
報
報匣
夾板
裹綠頭牌黃綾
綠頭牌
家譜

空白
粘單
發單
紅單
小抄
外抄
錄書
揭帖
告示
劄付
付咨
領子
略節

稍繁

繁

紊亂

煩難

煩瑣

冗雜

● 繁冗類

聘牌

手本

摺子

封條

釘封文書

封套

回頭

批迴

參票

驗票

限票

票

委牌

腰牌

傳牌

令牌

魚鱗冊

消長冊

冊子

掛號檔

卯簿

檔子

路引

串票

上	中	下
使辦理	一齊辦理	使機密
辦理	酌量辦理	機密

● 辦事類

上	中	下
堆積下了	迷亂	惛憒
致堆積	重疊	致惛迷
堆積	致攤集	惛迷
攙混住了	攤集	惛亂無措
被攙混	已致錯雜	被牽累
攙混	致錯雜	混亂心思
牽扯	錯雜住了	迷亂了
扭扭別別	錯雜	
	已致堆積	

倡率
去管
討論
約略辦理
省事
示意
開端
當面
著落
交付
職掌
承當

來商量
去商量
使商量
商量
使商議
商議
會議
議
使爲首
爲首
使領頭
領頭
使倡率

巧爲料理
辦法
權變
撥正
改正
更張
駁回
來告訴
告訴
已做爲
做爲
條陳
奏

稅　差使　約會

使征收　一齊分派　約

征收　使派　互相遣人

賦歛　派　被使喚

賦　使攢湊　使喚

貢　攢湊　奉差

公務　攢　差遣

◉ 官差類

果斷　書題

有條有理　批判　准行

清清楚楚　决斷　打到

挨次　裁斷　畫押

簡退
跳班
交班
接班
進班
使輪班
輪班
班

去更換
使更換
更換
未補數
已補數
准補數
補數
筭入

補
補空
接連
代替
隔班行走
輪流
一齊更換
來更換

輪班行走類

定限
限期
使約會

逾限
准展限
展限

被覊絆
覊絆
致逾限

嚷鬧
嚷
齊爭競
使爭競
爭競
爭
使鬭毆
鬭毆
辦起嘴來
辦嘴

揎拳
威怒掙躍
爭嚷聲
呌鬧
相鬭兇惡狀
喝叱聲
嚷鬧聲
亂鬧狀
齊嚷鬧
只是嚷鬧

掐脖子
無禮
亂鬧
撲打
伸拳擄袖
掙跳
撒潑
跳嚷
要動手脚
亂揪扯

● 爭鬭類

空
交代
下班

相打聲
用拳連搥
使彼此攙打
彼此攙打
拳亂搗
使拳搗
拳搗
拳亂打
拳打
揚拳
揪扯嚷鬧
使掐脖子
只是掐脖子

撓
連掐
掐
使抓
抓
使採頭髮
採頭髮
揪頭髮
連踢
被踢
踢
相打
拳搗聲

受了傷
只是爭強
爭強
撞頭
毆
亂撓
使撓

使出首
出首
出首人
被告
原告
齊告狀
來告狀
去告狀
使告狀
告狀
詞訟

生事
干連
罣悞
連累
使誣賴
誣賴
寃枉
被屈
寃屈
干証
對頭

審
使勘斷
勘斷
勘
口供
問語
訴告
事結復告
被牽扯
叉股事
被究隱情

刑

刑罰

（刑用

刑罰類

為是

是

官司翻了

使刁登

刁登

窮問

究問

追問

使審訊

審訊

洗冤　鑽營

雪冤

定擬

揆斷

壓派

虛

實

怪不是

非

關節

情弊

情由

行賄　狗私

看情面

狗情

通線索

蒙文分類辭典（刑罰類）

連掌嘴

使掌嘴

掌嘴

使綁

綁

使拿

拿

鐵鎖

使監禁

監禁

監

牢

使用刑

使打板

板子

用鞭亂打

使鞭打

鞭打

鞭子

使樛

樛

樛子

使夾

夾

夾棍

刺字

脚絆

脚鐐

手杻

枷

充軍

流

徒

杖責

杖

笞責

笞

打板子

蒙文書社出版

捶
狠狠的打
轉使打人
被打
責打
打

着實打
連鑿
鑿頭
鑿
使捶
捶打

痛責打
痛打
棍棒亂打
打
使着實打
着實責打

● 捶打類

犯人
罰
罰物
罪
使刺字

正法
使抄沒
抄沒
罰九數

准贖
贖鍰
凌遲
斬
絞

開除
釋放
開脫
寬免
脫免
寬宥

改正
解寃
容恕
寬恕
體諒

脫離了
滅等
可疑
可矜
使消滅
消滅

● 寬免類

重責打
重打
用刑擺布
使懲戒
懲戒

打至昏迷了
打至昏迷
打至不能動
打至不能起

打至癱軟了
打至癱軟
打抽抽了

禮

禮儀

儀注

◉ 禮儀類

勸止

使諫勸

諫勸

勸

諫

使安慰

勸慰

安慰

釋憂

解憂

勸慰

解勸

使平撫

提撥

提

勸止 平撫

氣平了

慰止

使忘懷

寬解

消遣

解釋

使解憂

◉ 安慰類

金香爐
金提爐
拂塵
金瓶
金唾盂
金盆
大刀
金交椅
金馬杌

● 鹵簿器用類

彩仗
儀仗
儀駕
鑾駕鹵簿
騎駕鹵簿
法駕鹵簿
大駕鹵簿
執事
謝恩
進
贊進
排班
贊排班
贊禮
鳴鞭
陞殿
臨雍
還宮
退
贊退
九叩
三跪
上表

紫芝蓋

翠華蓋

金黃緞曲柄傘

黃緞九鳳曲柄傘

黃九龍曲柄傘

方天戟

殳

豹尾鎗

撒袋

黃雙龍扇

壽字扇

金黃緞素傘

明黃緞寶相花傘

紫素方傘

青四季花傘

青緞九龍傘

黃九龍傘

羽葆幢

霓幢

紫幢

長壽幢

金黃緞素扇

黃緞龍鳳扇

紅鸞鳳方扇

雉尾扇

孔雀扇

黃單龍扇

振武旗
褒功懷遠旗
行慶施惠旗
明刑弼教旗
教孝表節旗
龍頭竿旛
豹尾旛
降引旛
信旛

翊鑾旗
儀鳳旗
青銷金龍纛
前鋒大纛
羽林大纛
八旗大纛
黃麾
儀鍠氅
金節
進善旗
訥言旗
敷文旗

赤熊旗
角端旗
白澤旗
彩獅旗
遊麟旗
鳴鳶旗
振鷺旗
華蟲旗
赤烏旗
白雉旗
黃鵠旗
孔雀旗
仙鶴旗

濟旗
河旗
淮旗
江旗
神武旗
朱雀旗
白虎旗
青龍旗
天鹿旗
天馬旗
犀牛旗
辟邪旗
黃羆旗

翠華旗
金鼓旗
門旗
月旗
日旗
五雲旗
五雷旗
八風旗
甘雨旗
角宿旗
土星旗
東岳旗

立瓜
臥瓜
星
金鉞
金黃緞金鳳旗
紅緞素旗
青緞龍鳳旗
入蹕旗
出警旗
青銷金小旗

朝	來朝	隨帶通事
陛見	上朝	

● 朝集類

玉輦	翟轎金黃	報捷燈
革輅	翟轎	駕衣
象輅	儀轎	靜鞭
木輅	大儀轎	寶象
金輅	輕步輿	仙橋
玉輅	鑾駕步輿	儀輿
引仗	法駕步輿	鳳輿
御仗	大禮轎	金黃八人轎
吾仗	金輦	

抱見禮
來行禮
去行禮
使行禮
行禮

屈膝坐
單腿跪
俯伏
使跪
跪

一齊叩頭
來叩頭
去叩頭
使叩頭
叩頭

禮拜類

使齊集
齊集
集處
來上衙門
使上衙門
上衙門

成羣
羣
會聚
一同齊集
來齊集

散
羣擠貌
擁擠
一齊環拱
來環拱
環拱

下定禮

結親

說親

打聽親事

筵席

筵宴

筵

陪嫁人

漢語同上

下大禮

聘禮

聘

嫁

開箱

匹配

使灑酒祭天

灑酒祭天

合巹

嫁粧

● 筵宴類

作揖

施禮

連叩頭

漢語同上

婦女蹲拜

鞠躬貌

鞠躬

使作揖

婦女叩頭

使蹲拜

蒙文書社出版

祭 祀 祭神

● 祭祀類

迎接 請進 來邀請 去邀請 邀請 來請 去請 使請 請人 請

綵子 使舉獻 舉獻 使放分 放分 設觀席 作主人 主人 衆賓客 賓客

送客 散席 回敬 強讓酒 強勸 揣斟酒 對讓酒 讓酒 迎門鍾 反站

神格
謝降
常雩禮
禡祭
蒸
嘗
禴
祀
類
祫祭
禘
郊
祀神

求福九九擺供
求福
樹柳枝祭
大祭前報祭
豫備祭物
整理祭物
敬神
背燈祭
祚肉
福酒
領
受
亨

還愿撒的米
大肉
小肉
祭肉敬天
祭神肉
夜祭七星
祭場院
祭田苗神
祭馬神
去祟
麵猪還愿
痘後還愿
還愿

赤璋

黃琮

蒼璧

祭文

祝版

簠

簋

璧

珪

白琥

俎

豆

籩

鉶

登

● 祭祀器用類

禱祝

灑酒祭神

用筋撩酒祭

獻酒

供獻

灌豬耳的酒水

男打手鼓

女打手鼓

跳神

念神歌

祝贊

禱告

焚化紙錢

[illegible]

[illegible]

跳神占吉凶

領神

玉帛匣
爵墊
爵
五供
制帛
盤香
柱香
香餅
馬牙香
沉香
檀香
速香
降香

桿上插的頸骨
草把
神桿斗
還愿神桿
供神板
幔子
香楪
香
拜墊
拜牌
齋戒牌
燎爐
香爐

男手鼓
女手鼓
鼓
神鈴
神刀
拴紙條箭桿
漢語同上
神箭
肩上錠的方綢片
線索
換索繩
柳枝上紙條
求福柳枝

孝帶子　終　停床

孝衣　薨　裝裹

丁憂　沒了　詐屍

喪服　氣盡了　屍

料理　遺言　屍挺了

遭際　盡孝　漢語亦同上

災殃　穿孝　死

喪事　拖邊孝衣　亡

喪服類

神幘　神鏡　拴綢條

扎板　腰鈴　馬尾上拴的綢條

鼓椎　神幘上飄帶

（喪服類）

噴灑　　噴灑水　　使噴灑水

◉ 灑掃類

上墳　　棺　　碣
葬埋　　陀羅被　　碑
掩埋　　對對奠酒　　墳
下葬　　使奠酒　　坑
收檢骨殖　　奠酒　　穴
檢骨殖　　上墳次日祭　　佛花
化骨殖　　殺馬楦皮焚祭　　紙錁
出殯　　上墳燒衣帽　　紙錢
入殮　　上大墳　　引旛
藏埋　　　　椁

慶神歡
中和雅樂
樂

丹陛大樂
導迎樂
中和韶樂

鐃歌大樂
中和清樂
丹陛清樂

樂類

使抖灑
抖灑
抖
使掃除
掃除
掃
使擦水
擦水

擦
打掃
除淨
除
使撣除
撣除
撣
揚灰塵

淨淨的
潔淨
用布擦抹
用布擦
使擦抹
擦抹

黃鐘
呂
律
八音
羽
徵
角
商
官
五聲
馬上凱樂
鐃歌清樂

彈
奏樂
應鐘
無射
南呂
夷則
林鐘
蕤賓
仲呂
姑洗
夾鐘
太簇
大呂

刮[illegible]箕
打扎板
輕擊
拍鈸
鼓掌
連擊
敲
擊
打
吹笙　拉胡琴
吹
品
品吹

磬 · 編鐘 · 鎛鐘 · 鐘

六合鼓 · 鼓 · 編磬 · 特磬

渣鼓 · 仗鼓 · 搏拊鼓 · 應鼓

樂器類

樂止 · 樂成 · 樂合 · 節奏 · 彈竹口琴 · 彈口琴 · 奏蒙古樂

謳 · 使歌唱 · 歌唱 · 歌 · 使舞 · 作舞 · 舞

打觔斗 · 觔斗 · 應歌聲 · 起歌詞

240

蒙文分類辭典（樂器類）

鍋子
鈸
點子
鉦
金
月鑼
鑼
搖鼓
把鼓
月鼓
鏜鼓
扁鼓
托羅鼓

號筒
擊子
木漁
敔
柷
雲鑼
星
鐺
鏜
方響
雲牌
撲鈸
鐃

排簫
壎
箎
管
橫笛
簫
海笛
瑣嗦
小銅角
喇八
畫角
蒙古角
大銅角

二絃
三絃
虎拍
琵琶
月琴
筑
提琴
押琴
箏
瑟
琴
胡笳
笙

老絃
絃
竹馬架
高蹺
竹馬
木馬
鬼臉
戲竹
楂板
簸箕
竹口琴
口琴
胡琴

簧
鈕
鼓腔
鼓墜
軸子
琴扣
琴足
琴軫
絃馬
子絃

禮記
詩經
書經
易經
經
外國書
漢書
蒙古書
滿洲書
書籍
書

讀
典
記
史
傳
孟子
中庸
大學
論語
孝經
春秋

興
比
謠
謳
賦
歌
詞
詩
誓
誥
訓

蒙文書社出版

略
策
行
跋
引
序
銘
誡
箴
贊
頌
雅
風

編
啓
呈
考
錄
判
表
辨
疏
注
誌
語
論

草稾
讀
句
節
章
對子
四六
誄
歎
懷
類
覽
發

文言
繫辭
部
套
書殼子
本子
掐子
摺子
簽子
篇子
冊子
檔案
牌子

乾
爻
掛
四象
兩儀
太極
無極
雜掛傳
序掛傳
說掛傳
繫辭傳
彖傳
象傳

貞
利
亨
元
耦
奇
兌
坤
離
巽
震
艮
坎

掛象
象
體
靜
動
柔
剛
陰
陽
吝
悔
凶
吉

起股
領題
起講
承題
破題
文章
題目
占卜
占
筮儀
圖說
掛變
掛歌

題名錄
榜
卷袋
卷面
硃卷
墨卷
試卷
大結
小結
後股
中股
出題

使抄寫
抄寫
改正
圈活
勾抹
塗抹
起荒藁
起草
繙譯
作詩
述說
作文
編纂

字旁圈圈
畵畵
寫草字
寫行書字
寫楷字
寫字
字頭圈圈
研墨
餂筆
裝套
釘書
使謄寫
謄寫

清字
字
寫作敏捷
呈遞
寄字
書札
已寄信
使寄信
寄口信
寄信物
寄的信物
打遏子

學習
學
來學
去學
讀
一齊學

文學類

楷書
篆字
漢字
蒙古字
切音字
連字
單字
外字

字點
字圈
字撇
字牙
字畫
隸書
三合字
草字
行書

行旁空處
行
留空處
句讀
草字尾
楷字尾
字尾

教 三教 九流

文教類

興
背書
熟了
熟
得其大概
常在手
溫習
記
吟哦
念

效法
究原
曲盡
推詳
詳究
篤志
專心
勤
一齊奮興
奮興

通達了
通了
通徹
貫通
文理大通
通文
文
倣效
體驗
遵照

講
常指示
使指示
指示
意指
鼓舞
使背
使記
使讀
指教
使教訓
教訓
諸子百家

使效法
法則
使化
使融會
使滋進
使至通曉
使通曉
開示
引導
導
引
一齊講
使講

使發奮
使勉力
心法
相傳
使傳授
傳授
傳
使遵照

淸水連四紙

連四紙

棉榜

高麗紙

夾榜紙

脆榜紙

金綿榜紙

涇縣榜紙

榜紙

白鷺紙

紙

川連紙

藍抬連紙

雲連紙

元連紙

抬連紙

呈文紙

毛頭紙

毛邊紙

京文紙

糌連四紙

竹料連四紙

古連紙

白欒紙

砂紙

官青紙

烏金紙

錦紙

蠟花紙

香箋紙

龍箋紙

箋紙

竹紙

筆管
筆尖
筆
書文房
一條紙
一張紙
陰扣
陽扣
一扣紙
一刀紙
方高紙
京高紙
連七紙

角硯
炙硯
硯
墨海
墨床
硃錠
墨
水盛
筆洗
筆蘸
筆筒
筆架
筆帽

譜
喜容
畫軸
畫圖
手卷
册頁
印色
圖書
影格
鉛餅
倣圈
鎮尺
水牌

蒙文分類辭典 （儀器類）

蒙文書社出版

地平經儀

黃道經緯儀

赤道經緯儀

天體儀

周天球

儀器

璣衡撫辰儀

距度儀

紀限儀

地平經緯儀

地平緯儀

象限儀

漏壺

問鐘

自鳴鐘

表

日晷

圭表

測日圭表

玉衡

璿璣

儀器類

一軸

一座

一柄

一面

畫彆子 門插關

104

第幾　各二　五

許多　二　四次

每幾個　一次　各四

會數　各二次　四

總數　各一　三次

使數　一個　各三

數　一　三

數目　幾次　二次

數目類

平水壺　羅經　順風旗

夜天壺　分水壺

日天壺　萬水壺

各九
九
八次
各八
八
七次
各七
七
六次
各六
六
五次
各五

七十
六十
五十
四十
三十
二十
十五次
各十五
十五
十次
各十
十
九次

秭
京
兆
億
萬萬
千萬
百萬
十萬
萬
千
百
九十
八十

蒙文書社出版

垓
壤
溝
潤
正
載

極
恒河沙
阿僧祇
那由他
不可思意
無量數

第一
第二
第三
末尾 末家

兵類

兵
戎
天兵
大兵
前鋒

護軍
親軍
領催
馬甲
敖爾布

養育兵
鳥鎗兵
砲手
籐牌兵
驍騎

一齊看守
來看守
去看守
使看守
看守

使坐堆子
坐堆子
使防護
防護
照管

使固守
固守
一齊保護
使保護
保護

防守類

精兵
步兵
馬兵
綠旗兵
漢軍
蒙古兵

誘敵兵
接應兵
援兵
翼隊
奇兵
正兵

一枝兵
戍守兵
守兵
斷後兵
伏兵
備用兵

大閱
去調兵
打儹

會盟
調兵
儹

閱兵
揀選
分伍

軍令
挑選
伍

廟算
精銳
調遣

征伐類

來預備
預先防備
使駐防

去預備
使嚴緊
駐防

使預備
嚴緊
使戍守

預備
備辦
戍守

預備着
預先備辦
使防備

備
一齊預備
防備

（征伐類）

去征討
使征討
征討
安臺站
堆鋪
哨探
護營木寨
犄角之勢
營
勢派
部伍
隊伍間處
隊

戴盔
一齊穿甲
使穿甲
穿甲
捉生
遺踪
露踪
去衝陣
衝陣
行兵
禁令
傳令
使去征討

使前進
前進
使整齊
整齊
齊截
出隊站立
一齊排開
使排開
排開
排列
陣
一齊戴盔
使戴盔

扼據
圍困
離間
使乍營
穩住
誆誘
用計
進
徐徐前進
漸漸前進
漸次前進
一齊前進
往前進

誘戰
耀武
揚威
指麾
各處埋伏
去埋伏
使埋伏
埋伏
從旁截殺
使變
變動
變

血戰
夾攻
一齊攻伐
去攻伐
使攻伐
攻伐
一齊吶喊
使吶喊
吶喊
一齊吹海螺
使吹海螺
吹海螺
使誘戰

奮力
舞刀直入
突入
專衝一處
橫擊
迎敵
一齊衝闖
去衝闖
使衝闖
衝闖
跳船
跳寨
跳城

放砲
斷尾
抄尾
穿入
專攻一處
出入衝突
攙戰
鏖戰
深入
直入
拚命
捨死
捨命

一齊砍
亂砍
砍
舉刀棍
亂箭
鐵蒺藜
用整樹撐箭
齊射
放九進連環槍
一齊放烏槍
使放烏鎗
放烏鎗
烘城

用小刀亂扎
用小刀扎
用棍打
用棒亂打
用棒打
用斧亂劈
用斧劈
用鈎鈎
用叉叉
扎
用鎗扎
用刀背亂砍
用刀背砍

溜邊敗走
一齊驚亂
頻驚亂
驚亂
散亂
敵亂動
不聽令亂進
勝了
得勝
擊敗
突擊
去刧營
刧營

去追趕
使追趕
追趕
敗散了
倉皇急奔
亂奔狀
紛紛散
星散貌
賊已敗動
一齊敗走
使敗走
敗走
銳氣挫折

裹帶口糧
追
使追
去追
尾追
使尾追
追襲
使追襲
尾隨追趕
使尾隨追趕
追到盡頭
趕上
輕騎滅從

使輕騎滅從
追獲
殺
亂殺
大殺
投崖掩殺
殺盡
殺死成堆
淹殺
殺絕
殺絕了
使亡
滅亡了

使滅
滅了
勦除
勦除了
殺淨
殺淨了
尸骸縱橫
血水橫流
收兵
祭纛
報捷
搶
放搶

右手射
射
射箭
左手射
去射
使射箭

● 步射類

一齊招安
去招安
使招安
招安
搶擄人口
一齊搶擄
搶擄
一齊搶
去搶

安定
安撫了
安撫
寬宥
釋放
一齊投降
來投降
招降
投降

獎武牌
賞賜
賜名
敘功
查功牌
凱歌
回兵
安定了

摔手撒放
撒放
定着
拉滿
拉弓
二指捏扣射
大指勾弦
搭扣
掖箭
亂射
往下射
一齊射
來射

指的準頭
不離箭把
乾淨
自然
結實
善射
樣子好
射透甲葉
箭箭中
肯中
中了
中
箭箭中一處

骲頭墜落聲
大骲頭聲
箭鏑聲
箭去有力聲
弦落墊聲
彈硬弓弦聲
打彈弓
射撒子箭
射骲頭
向上射
挑遠
一挑箭
準頭

馬箭

射馬箭

使射馬箭

●騎射類

箭去的遲

箭熌出去

箭擦刮着聲

地出溜

箭擦着聲

半不到

從下抽箭

箭略擦着聲

扛起去了

弓弦打臉打袖

透過聲

箭扛起

放箭手動

直透聲

箭中冒起

放箭吐信子

正中着

箭碰回

致拉滿又退回

箭急貌

箭碰回來

拉滿又退回

衆箭聲

箭碰着聲

拉硬弓費力貌

箭擦過聲

火箭去的聲

弓拉的淺

抓鬃大上

騙馬

偸腿大上

壓鬃大上

插腿大上

轉身大上

騙馬類

打鞭

搭扣

撒馬

領馬

撒馬處

立馬仗

花馬箭

齊射馬箭

去射馬箭

騎射好

善騎射

收馬

帽子跰起

近中聲

正中聲

兜底射

指帽子

開弓

張了

裹了

遢子直

生疎

騎射不好

慪了

放馬搭扣摸索

熟練

柳筋斗

插柳

拉鍬反背

過鍬反背

拉鐙反背

搨鞍反背

攀鞍反背

奪鍬大上

巧轉身

紡車上

順風旗

登鐙過兒

過梭

踢鐙滾上

拉鍬雙滾上

撅鐙滾上

攀身滾上

驛架

壓鍬反背

摔腿反背

套雲環

拉

拿

爭拿

撲拿

放對

漢語同上

穿搭連

撩跤人

使撩跤

對撩跤

撩跤

輪起

轉着輪

輪摔

輪

摔

任意折挫

壓

往後撅

折挫　挫弄

頓

對拉

裏坎子

漢語同上

刮

漢語同上

掛勾子

外勾子

裏勾子

向前拉

漢語同上

往下蹩

混輪

蒙文書社出版

飛絆
使絆子
扛口袋
老牛背
還撥脚
按頦子撥脚
架梁撥脚
兜底撥脚
打撥脚
勾
外纏勾
裏纏勾
外坎子

跌倒
露輪
扎挣住
抱住
跟進去
用力
膂力相等貌
抵住
支持
踹脚彆子
手彆子
擰膝脛骨
夾腿絆

跌狠狀
粘手就倒
懸梁跌倒
仰面跌倒
按蹲下
豁襠
漢語同上
翻
漢語同上
使彈子
摔
竟倒了
使跌倒

來打圍

去打圍

使打圍

打圍

畋獵

秋獮

漢語同上

夏苗

春蒐

一齊打圍

去排列行圍

使排列行圍

排列行圍

打野猪圍

冬狩

● 畋獵類

再撩跤

使再撩

二人齊倒

實迫倒地狀

跌的脆

跌重聲

巧

嚴密

略强壯

强壯

相等

不差上下

軟

不及

不是對手

敵不着

健壯

耐長

蒙文書社出版

圍肩
圍底
瞭望
遠瞭望
哨麅
哨鹿
哨鹿圍
春日遊獵
春雪上趕獸
使山上趕獸
山上趕獸
相地毆獸
齊排列行圍

展開
進去了
緊圍
推圍
整圍
前進
合圍
跑纛合圍
撤圍
放圍
圍場
圍兩頭
圍翼

獸挨着過
獸擦人過
轉迷臥獸
上風吶喊射麅
趕獸聲
嚇臥獸聲
嚇伏臥獸
獸被圈住
獸被圍住
人馬衆多
整齊貌
收攏
歪斜了

徵

射着皮毛
箭鉄半邊劃着
箭透皮
中非致命處
些微射着
趕獸使回
攔獸使回
截岔
爭射
換手射
繞馬脖子射
對鐙射
抹鞦射

刺入狀
深入狀
正中
中獸淺
中獸深
深中
直透狀
穿透
漢語同上
箭穿透橫担
帶着箭
箭釘着
重射傷獸

放狗
放鷹
善獵人
手快肯中
從容
手快
彩頭好
可得的踪跡
不得的踪跡
傷重必得
傷輕不得
尋踪
追趕傷獸

籠鷹	轉軸	狗項下支棍
鷹狗熟練	脚絆	狗掐子
調練鷹狗	轉軸上的銅絲	謊皮
初次調練鷹狗	飄翎	鷹葑
使喚鷹	鈴	綱兜
喚鷹	墊板	五指把掌
熬鷹	鷹帽子	三指把掌
蹲鷹	鷹架子	繞線木軸
架鷹	養過冬	脚線

◉ 頑鷹犬類

嗾狗聲	團聚狀	
嗾狗	收圍	整齊貌

頂盤
盔頂上托子
盔梁
掩額
盔簷
盔尾
護頂
遮耳
盔
器械

絮甲
綿甲
甲身
護甲
暗甲
甲
盔襯帽
盔纓頂
盔纓
盔頂上管子

遮縫
護脇
甲前肩
亮袖
甲袖
護心鏡
鳫翅下鐵
鳫翅上鐵
鳫翅
護肩

軍器類

牽狗皮條

虎衣

虎帽

號衣

號帽

盔甲罩

盔牌子

小甲釘

甲釘

一排甲葉

甲裙明葉

甲葉

護膝

甲裙

面弓 水牛角

吸水弓

通把弓

通面弓

魚腮弓

牛蹄弓

接腦弓

長角弓

通角弓

纏筋弓

弓

虎褲

虎裙

叉披箭

月牙披箭

齊披箭

尖披箭

大禮披箭

披箭

彈弓

雙機弩

弩弓

木弓

野羊角面弓

花水牛角面弓

面弓 野牛角

長哨箭
哨箭
大披箭
射虎弩箭
射虎披箭
榛子哨披箭
銹鐵披箭
哨子披箭
無哨披箭
梳脊披箭
抹角披箭
小披箭
燕尾披箭

鎗頭箭
梅針箭
射遠把箭
把箭
齊哨箭
方哨箭
牛角哨箭
圓哨箭
榛子哨箭
索倫長披哨箭
鴨嘴合包哨箭
荷包哨箭

四方骲頭
大禮骲頭
骲頭
木兎兒叉箭
鈌兎兒叉箭
兎兒叉箭
尖頭箭
快箭
索倫長披箭
長披箭
角頭箭
火燎桿箭
齊梅針箭

有翎無鐵箭
墩子箭
鴨嘴箭
水箭
射魚骲箭
無眼骲頭
馬箭尖骲頭
鼓子骲頭
射虎骲頭
馬箭骲頭
大木骲頭
尖骲頭
齊骲頭

攮子
劍
順刀
小順刀
牌刀
斬馬刀
庫刀
玲瓏刀
腰刀
挑刀
大刀
一枝
蓬矢

叉
鉞
斧
鐵尺
鐧
鞭
戟
戈
手鎗
鈎鐮鎗
鎗
刀上小叉
小刀

棍
單手棒
棒
把子
虎鎗划子
鑽子
有尖
尖子
刀背
鈍
快
有刃
刃子

線鎗
風鎗
自來火鎗
三眼銃
鳥鎗
礮
水帶
度水皮混沌
鹿角
雲梯
拐子
籐牌
梢子棍

背鎗帶子
大藥葫蘆
烘藥葫蘆
火繩
藥信
鐵沙子
鉛子
烘藥
火藥
火箭
鎗堂內裝藥處
鎗星
鎗斗

黏弓墊
釘弓靶
釘弓面
鋪筋
安弓弰
砍弓胎

配弓絃
畫樺皮
下鰾
打磨弓面
鎈弓
安弓角弰

上弓
重貼壞處
帮貼折處
軟處鋪筋
纏筋
勒綻處

製造軍器類

旗
纛
畫角
棉簾
九龍袋

纛頂
纛纓
旄
蜈蚣纛
纛旗幅

擠桶
廝搭
梆子

使摺身
摺身
弓的摺身
使翻身
翻身
弓的翻身
卸弓
彈絃試弓
端弓
腿彆上弓
脚蹬上弓
漢語同上
搬上弓

弓弝膀子
弓弝
弓胎
弓歪
弓半邊硬
弓半邊軟
弓有底子
弓沒底子
弓軟
弓硬
弓梃
弓飽
弓彆

弓套子
弓拿子
弦格搭
弓絃
弓墊子
扣子
弰頭
弓弰
弓弰插口凹處
弓腦
弓弰插口
弓胎兩身
箭溜子

132

刮箭桿
砑平
信口纏筋
刮箭桿兩頭
安骲頭
下鰾安箭信子
安箭鐵
合箭鐵盤
挑箭口
截箭桿
端箭桿
煨箭桿
推荒桿

捋熱箭桿
細捋箭桿
捋箭桿
點銀硃扣
鏟翎底
裁箭翎
砑箭翎
捽箭翎
畫挑皮
纏絨
裹樺皮
堊草打磨
細刮

兎兒叉上哨子
兎兒叉上圓鼓肚
釘結實
鑹上釘橫釘
劃虎眼
插箭
插撒袋
打磨見新
削補箭桿
接箭桿
火燎箭桿
捻着直
捻箭桿

撒袋　捽靫　撒袋內襯格

◉ 撒袋弓靫類

一披箭翎　馬箭帽子　腰刀繫子

一副箭翎　箭攮子　鞘上雙眼束樑

箭鐵信根　法口　刀鞘底束

箭鐵信子　法子　刀鞘中束

梅針箭鐵挺　紅心　釘刀根鐵

箭鐵邊線　鼓子　刀鞘

箭鐵脊　布把子　刀把束

箭鐵兩刃　箭把子　刀把頂束

箭鐵寬肩　準　刀呑口

兎兒叉上鐵格搭　搬指　刀護手

尖腦鞍
方腦鞍
鞍
馱鞍
車鞍
架鞍
鞍喬
鞍翅
弔屉鞍

鞍轡類

小拴飾件
帶鈎眼錢
帶傍飾件
帶鈎
飾件
襯帶
鞓帶
弓靫
背的箭桶
角鐵飾件
壓環飾件
烏翅環
箭眼飾件
中間飾件
兜底飾件
蝙蝠飾件
罩箭罩
盛弓箭罩的荷包
弓罩
箭罩
小箭桶
箭桶

蒙文分類辭典（鞍轡類）

蒙文書社出版

鞍座子

小鏇子

肚帶鏇子

扯肚

弔肚

肚帶

稍繩

拴鞍板皮條

鐵攝子

鞍板過樑皮（鐵柱車鞍上）

鞍緵

後鞍喬

搭腦

轡

鐙上雲頭

鐙孔

鐙樑

鐙盤

鐙

鞍籠

駱駝屉

屉

韂托

鐙磨

韂

提胸

攀胸

押韁

偏韁

扯手

蘸水

拴蘸鐵

嚼子

提嚼

鐵拉扯

腮花

鼻花

兜口

庶人
當差人
蒙古
人
漢人
高麗人
滿洲
僕
君子
黎民
百姓
民

● 人類

抛糞
鞦稍飾件
鞦根鉤鐵
鞦稍
鞦稍鐵牌
軟鞦
鞦
燕尾飾件
斜飾件
泡子飾件
常行飾件
玲瓏飾件
飾件
鞦鍋子
挽手
鞭繐
鞭桿
鞭子
鞦轡靫子
平飾件

門子
書史
太監
幕賓
學生
徒弟
師傅
文人
大儒
儒
隱士
賢者
大丈夫

巡捕
庫丁
捕役
走遞夫
承差
馬牌子
送報人
傳事人
夥伴
皂隸
舍人
校尉
兵丁

標夫
秋夫
爐頭
斗級
人牙子
經紀
車夫
車戶
綱戶
花戶
穩婆
仵作
打更人

蒙文書社出版

長工
工人
園戶
園頭
莊頭
農夫
牌頭
翻跳夫
打捲夫
鋪排
搭綵匠
水脚役
水手

打牲人
販子
買賣人
商人
瓦匠
艌匠
木匠
衆匠人
匠人
漢語同上
傭工人
傭工
短工

尼僧
和尚
女冠
道士
女喇嘛
喇嘛
厨子
供事
牛羊吏
放馬人
樵夫
樹戶
鷹把式

相面人
算命人
繚手
中保人
干証
煤人
祈禱送紙人
祝神人
獸醫
醫生
施主
師弟
師兄

牽馬人
跟馬人
長隨
老婢
使婢
衆奴僕
奴僕
歌童
戲子
會唱人
說書人
樂人
法術人

送信人
奸細
所擒活口
刺客
擄來人
敵寇
世僕
家生子
四婢奴
三婢奴
二婢奴
一婢奴
散跟奴婢

曾祖
高祖母
高祖
始祖

祖
親祖母
親祖
曾祖母

親
衆祖母
衆祖
祖母

● 人倫類

人口
衆女人
女人
衆男人
男人
乞丐
逃人

成對人
閑散
閑居 閑人
白丁
衆人
家口

孤立人
單身
孤苦人
孤
獨
寡
鰥

乳母
乳父
婆婆
公公
養母
養父
繼母
後母
娘
爹
諸母
母
父

親嬸母
漢語同上
親叔父
漢語同上
嬸母
叔父
親伯母
親伯父
伯母
伯父
奶公
奶母
漢語同上

親兄
族弟兄
三從弟兄
再從弟兄
從弟兄
嫂
兄
妾
二妻彼此稱呼
結髮夫妻
妻
夫
漢語同上

媳婦
姪輩
子
妯娌
衆小叔
小叔
衆弟婦
衆弟
弟婦
弟
衆大伯
大伯
衆嫂

孫
養子
老生子
次子
長子
頭生
衆子
從堂姪
堂姪
姪婦
姪兒
衆媳婦
童養媳婦

同姓
姓氏
姓
族黨衆多
一支
同族
族
子嗣
衆孫
五代孫
四代孫
元孫
曾孫

丈母
丈人
外祖母
外祖
長輩
長者
親戚
同族
親

大姨夫
衆舅母
衆舅舅
舅母
舅舅
衆姑父
衆姑
姑夫
姑

衆姐夫
衆姐姐
姐夫
姐姐
衆姨母
姨母
姨父
諸大姨母
大姨母

● 親戚類

近
輩數

疏遠
遠

朋友	衆朋友	交友

朋友類

妻兄	姑表親	異姓親戚
小姨	衆女婿	衆親家
小衿	贅婿	親家
小姑	女婿	歸寧
大姨 大姑	長女	娘家
衆妹夫	衆女兒	姑表結親
衆妹子	女兒	姑舅兩姨孫
妹夫 小姨夫	妻弟婦	外孫
妹子	妻弟	外甥
連襟	妻嫂	姑表

上年紀了　有年紀　同歲　年紀　到了　老了　衆老者　老

命長　衆老兄　老兄　衆兄長　兄長　老嫗　老翁　年紀漸老

沒牙　耳遲　眼花　强壯　康健　健壯　有壽　壽

◉ 老少類

好友　密友　故友

女友　結賓友　賓友

同類　結黨　黨類

晦諄了
老衰邁了
老了搖頭
絮叨了
顛倒了
抽抽了
腰圭了
衰憊
有了皺紋
鬚髮黃了
鬚髮全白了
鬚髮斑白了
鬚髮斑白

未經勞苦
聰慧
未成丁
成丁
年壯了
壯年
衆少年
少
老邁不堪
軟癱了
老朽
昏憒
退縮了

討人嫌
略靈透
靈透
福胎
體重
愛小兒詞
雙生
漢語同上
沒生子
赤子
食乳小兒
孺子
幼

漸漸長
小兒顯長
乳兒漸長
初生身小
不見長
單弱
弱小
不大長
身小
未出花小兒
言行早
精壯
伶俐

放刁
撒賴
孩氣
老氣
撒嬌
小兒纔會走
小兒纔學立
長了
出息了
筋骨長足
長足
出調了
漸長大了

屎精
尿精
流鼻涕小兒
肯哭
賴皮子
肯撒賴
喎氣
小兒倚仗父母行
小兒大方
認生

● 人身類

空身

赤身

身體停勻

孤身

單身

漢語同上

上陣身不穿甲

像原身

正身

原身

身

頭皮

腦後髮際

爭食窩

鬢角

皺紋

額

顖門

角頭

頭

身量小

身量大

頭尖

寬額

脫頂

髮稀短

頭髮旋窩

頭髮分道

匝髻

水鬢

辮子

汗毛

頭髮

蒙文分類辭典（人身類）

眼睫毛
眼邊
眼角
瞳人
眼珠
眼
裏腮
腮根
腮
顴
臉
後奔顱
前奔顱

耳環眼
耳竅
耳門
耳垂
耳背
耳輪
漢語同上
耳朶
耳
眉間
眉
眼眶
眼胞

唇
口角
口
鼻窪
鼻翅
鼻孔
鼻柱
鼻準
鼻樑
鼻根
鼻
耳底
耳根

蒙文書社出版

牙縫

重牙

包牙

大牙

虎牙

門牙

牙

漢語同上

重舌

咽喉

舌

唇下窪處

人中

食嗓

脖項

脖

綹

髭鬚

連鬢鬍

鬍鬚

下頦

牙關

巧舌

牙縫肉

牙花

牙床

手掌

手背

肘

手

肩膀

肩

脖頸

嗓窩

嗓根

結喉

漢語亦同上

漢語同上

氣嗓

指甲根

指甲

拳

手足紋

手丫

六指

小指

無名指

中指

漢語同上

食指

大指

指

兩肋窪處

腰

背

肚囊

臍

肚

小肚

胳肢窩

心窩

奶頭嘴

奶頭

心坎

胸膛

攢筋

腳面

馬面

馬面裏邊

胯襠

大腿

腿

臀肉

臀

尾骨兩旁

腰眼

胯

脇下軟處

蒙文書社出版

肋
胸岔骨
胸岔小骨
胸尖骨
鎖子骨
脖頸骨
腦精骨
枕骨
腦骨
骨節
骨
脚底
脚根

膝蓋骨
大腿骨
胯骨軸
胯骨
尾骨尖
尾骨
腰節骨
連細骨
棒子骨
肩骨
琵琶骨
軟肋
短肋

肉核
包絡嫩皮
毛孔
皮
骨髓
脆骨
核桃骨
腿梁
腿梁高處
裹踝
外踝
踝骨
小腿骨

- 心
- 津液
- 骨髓
- 脊隨
- 腦子
- 筋頭
- 筋
- 輓肚油
- 油
- 羅藏肉
- 裏脊肉
- 髊子肉
- 肉
- 三焦
- 腑
- 臟
- 臟腑總名
- 大腸
- 小腸
- 腸
- 胃口
- 胃
- 脾
- 膽
- 肝
- 肺
- 氣
- 呼吸氣
- 液
- 精
- 氣管
- 脖頸跳脉
- 脈
- 血道
- 血
- 肛
- 大腸頭
- 尿胞
- 腎

生相

相貌

生相好

容貌類

吐唾沫

唾沫

汗濕透

汗大出

汗微出

手足汗

大汗

汗

魄

魂

麩皮

耳塞

流眵淚

生眵

眼眵

眼淚

聚水

沫子

喀痰

痰

小兒撒屎

小兒屎

出恭

出大恭

出小恭

屎

尿

擤鼻涕

鼻涕

蒙文分類辭典（容貌類）

七十一

長雀瘢

雀瘢

稠麻子

麻子

彷彿

模樣相似

模樣

面貌相似

體

形相好

形相

骨格

生相醜

俏

華

麗

相貌還好

軒昂

尊重

大方

美

俊

白癜風

米口袋

痣記

汚子

大頭

歪斜

貌陋

醜鬼

醜陋

醜

[illegible]腰

腦膛高

緊恰

貌寢

細條

高條

緊束

蒙文書社出版

窪芤眼
眼皮下垂
眼密縫著
密縫眼
爛邊眼
雀矇眼
近視眼
茄皮眼
眼斜視
眼微斜
斜眼
結喉長出
頭大

只是展眼
展眼
眼珠亂轉
賊眉鼠眼
白瞪著眼
大瞪著眼
眼珠渾
眼昏
直瞪著眼
暴子眼
大睜著眼
眼珠圓大
眼芤僂

撅嘴
翻唇
鼻扎
鼻塌
鼻高
耳掋
耳輪返
耳向前
耳扎
眼光閃爍
眼珠亂動
擠眼
遞眼色

閉口
張開口
使開口
開著口
開口
上唇短
匾嘴
大裂著嘴
裂著嘴
裂嘴
露齒
張著口
唇下垂

直高
細高
瘦高
身材高
粗大大的
粗大
略高些〻
壯大大的
壯大
瘦長長的
瘦長
高
閉著口

駝背
圭腰
羅鼓腰
矬胖
弱小
矮矮的
矬矬的
矬子
矮子
矮
細高挑
骨格粗壯
緊就

略笨
笨
厚實
略粗實
粗實
略横實
横實
胖了
肥胖
發福
胖子
富態
敦實

臉胖平了
胖的可厭
甚胖
小兒壯大貌
小兒壯大
矮胖
膘腄
胖笨
胖壯了
甚粗笨
粗笨
上身寬大
胖肉膘頹

瘦怯
臉下窄
瘦人拱肩
略軟弱
軟弱
瘦人
瘦
漢語同上
腹大下垂
胖腹膘頹
腹大
胖臉寬大
臉胖的可厭

面有嗔色
氣色變了
氣色開展
氣色的
氣色
衰弱栽腔
栽腔
甚瘦了
甚瘦
大瘦
單弱了
單弱
瘦怯怯的

光潤
光亮
光彩
鮮明
紅潤
滋潤
雪白的
顏色
曬黑了
顏色改變了
相貌軒昂
臉色
氣色憤懣

無意思
無聊
氣的髮乍
怒色
憔悴
氣色煞白
氣色淡白
臉青了
臉黃了
腰紫了
臉飛紅
臉紅了
白淨

造定
稟賦
命定
命
天生福人
稟性
生性
性

思量
想起
思想
想著
想
有識見的
有識見
意

尋思的口氣
心内放不開
使想念
想念
情
尋思
思
使思想

● 性情類

瘦了
清減了
臉發白了

少相
忽然瘦了
很瘦了

天老
黑面
老蒼

闊大

公

有度量的

有度量

度量

有志的

志

有心的

良心

心

記性

不時的想

忽想起

韜略

計策

柔

剛

雅

漢語同上

灑落

舒展

略舒裕

舒裕

略寬宏

寬宏

自如

正合著

算著了

猜想

揣度

揆度

揆

思慮

慮

一齊籌畫

使籌畫

籌畫

有謀略

謀

甚是造化

有造化的

造化

有壽的

壽

有福祉的

福祉

有福的

福

順

康

安

長遠

平

太平

吉

喜

貴

屢受福祉

聚

受福

得福

佑

兆

瑞

祥

◉ 福祉類

暗暗的

默默的

心細不直爽

遠慮

極富
富家熱鬧
儘過得
過日子
生計
衆富家
巨富了
已富
使富
富了
富

人多熱鬧
富足熱鬧
富裕
充裕
便當
饒裕
略寬裕
寬裕
興隆
興騰
興旺

孳生得好
厚實
有遺產
有產業
足用
還過得
過得
有力人家

● 富裕類

◉ [illegible]・孝養類

[illegible]・孝
[illegible]・大孝
[illegible]・達孝
[illegible]・行孝
[illegible]・孝順人
[illegible]・順從
[illegible]・遵從
[illegible]・養親
[illegible]・養志
[illegible]・漢語同上
[illegible]・事奉

[illegible]・事親
[illegible]・服事
[illegible]・親親
[illegible]・敬親
[illegible]・悅親
[illegible]・盡心
[illegible]・老老
[illegible]・敬老
[illegible]・長長
[illegible]・色難
[illegible]・不敢毀傷

[illegible]・不違悖
[illegible]・不玷辰
[illegible]・顯親
[illegible]・遵親
[illegible]・婦盡孝道
[illegible]・上分

164

包涵
愛惜
憐愛
行弟道
盡弟道的
悌
使爲兄長
兄長自居
兄禮相待
使居長
居長

和順
有商量
友愛
和
另相親愛
被寵愛
寵愛
寵
相親愛
親愛
近親

性好遮護
性能護庇
性能忍耐
忍耐
忍
漢語同上
讓
讓謙
推讓

● 友悌類

蒙文分類辭典

● 仁義類

可憐
被慈愛
慈愛
慈善人
慈
可愛
相仁愛
被人愛
仁愛
仁
仁人

恐至傷
包容
體諒
能恕的人
恕
不惜費
恩惠
優愛
撫養
惻然
可憫

不改變
不貳心
節烈
節
有道理
有理
理
倫
有義氣的
義
心裏不忍
不忍

不偏

不偏護

不藏匿

不隱瞞

不徇情

平

直

端正

正

忠的

忠

不爲所累

不爲所染

簡約

行廉

廉恥

廉

潔

略清的

清

不刻薄

無私

體面

無玷

不多爭

漢語同上

不貪

不取

蒙文書社出版

多見識

明白

明

光

智者

智

漢語同上

胸內靈透

略聰明

聰慧人

聰明

不慊

有眼色

懂脉

有悟性

穎悟

靈性

預有知覺

耳聰心靈

睿

靈

神

料事不差

聽說

進得去

會

聰智類

蒙文分類辭典（德藝類）七十八

蒙文書社出版

超羣
伶透
人望
拔萃
出類
經綸
能成
能
藝
有德
德

可觀
儘可以
去得
俊秀
有內囊
有主宰
果斷
敏捷
優長
賢能
英俊

能幹
小有才幹
巧
冲達
在行
略利爽
爽利
强幹
靈透
爽快
伶便

● 厚重類

端莊
大方
略厚重
厚重
穩重
略沉重
沉重

溫和
柔順
溫良
鎮定
安常人
有節
簡約

眞實
竭誠
誠
勇銳
頗信得
信實
柔和

有本事
本事
本領
能幹人

捷健
從容
做事快完者
在行人

無肐星
善溜冰雪的
快當

恭敬	敬謹	優待
使人敬	至恭	使人尊重
至敬	恭	尊重
謹	使人恭敬	待人敬謹
敬	待人恭敬	敬謹人

◉ 敬慎類

實心樸	守分	一意度日
敦厚樸	略樸實	一意行走
莊重樸	樸實	安分
沉重樸	溫厚	
和謁	略循良	
誠實	循良	

蒙文書社出版

使合

和合

和

睦

有親情

待人親熱

親熱

親和樣

親熱樣

和藹樣

親睦

和氣人

和氣

相合

使相熟

相熟

爽快樣

相親樣

響快樣

親近樣

漢語同上

● 親和類

使人厚待

厚待

使人重待

重待

敢

小心人

至慎

慎

謙遜

謙

漢語同上

一齊儉省
使儉省
儉省用
儉省人
儉省

有節
一齊節儉
使節儉
節儉
漢語同上

一齊撙節
使撙節
撙節
使節用
節用

◉ 省儉類

使相契
相契
使熟了的
使習慣
習慣
相熟了

合
相共
和同
同
熟了
熟練

合好
共同
共
共合

使用力

用力

一齊用功

使用功

用功

功夫

不歇息

篤志

專心

肫肫的用心

急爽

勤

不倦

不懶惰

總不間斷

不間斷

無歇息

總不歇息

◉ 黽勉類

不奢侈

善把持

使常掐算著用

常掐算著用

掐算著用

細緻

細

不濫費

不過費

不耗費

吝

嗇

愛惜

細吝

雄壯
强健
勇往
勇

結實
剛强
壯
强盛

可懼
可怕
有威的
威

勇健類

不留閒空
不悞
總不安息
不安息
總不躲懶
不躲懶
無倦

求告著走
把拮
一齊奮勉
使奮勉
奮勉
有功業的
功業

烈
功
拚命
儘力
誠心

起名　號　出名

有名的　同名　名揚

名　叫名　表字

名聲類

壯實人　堅強

有筋力　不怯向前　奮勇

耐得住　狠發奮　慷慨

敵得住　發奮　決斷

擋得　勇健　膽大

用力　精神好　勉強

有力的　精壯　勉

力　練長　扎掙

(名聲類)

驚奇

奇

可嘉

齊誇獎

致於誇獎

誇獎

稱獎類

有名望

聲名

名字到去了

享名

得名

贊

使贊美

舌贊美聲

牙贊美聲

齊驚奇

使驚奇

張揚

使宣揚

宣揚

聲揚

有聲

贊揚

使稱揚

稱揚

齊稱贊

使稱贊

稱贊

訛傳

使傳揚

傳揚

請示
使請示
一齊問
來問
去問
使人問
問
使問

問答類

驚訝聲
驚奇聲
於戲

何樣
爲何
甚麼
怎麼
幾時
在何處
搜求着問
趕着問

果眞好
贊好詞
贊美聲

這不是麼
何如
何處的
說甚麼
怎麼說來
做甚麼
怎樣了
何處

非等閒人
驚異詞
難爲他

去告訴
使人告訴
告訴
使告訴
使人答應
答應
使答應
好麼
安麼
沒麼
有麼
幾個
那裏

懶應聲
隨便答應聲
慢應聲
急應聲
答應聲
果然
是
口寄信
轉達
傳說
舉要告訴
使去告訴
來告訴

詞窮了
瞞不過
還得錯麼
瞞得過麼
點頭
自然

◉ 觀視類

注目看

探著身看

手遮日光看

來看

使人往看

使去看

去看

同看

給看去

使看

看

瞭望

眼亂瞧

同瞧

瞧

使瞧

使詳細看

詳細看

使詳看

被看見

經眼看

遠望動靜

使看見

看見

仰面看

使仰望

一齊仰望

仰望

洞鑑

一齊瞭望

來瞭望

去瞭望

使瞭望

聽見得

聽

使聽

聽見

來聽

去聽

聆會類

熟

一齊認

來認

去認

使認

認得

認

來見

去見

耀眼

晃眼

翻白眼看

左右偷看

偷著回看

只管斜看

斜看

呆着臉看

眼光媚態

隱隱看見

微見

恍惚

渺茫

看不眞切

明明看見

一晃看見

看的眼生花

使呼喚	來呼喚	點頭呼喚
呼喚	使去呼喚	呼名
喚	去呼喚	一齊呼喚

喚招類

震耳	知覺	會
信息	覺	深知
恍惚聽見	曉得了	知道了
使探聽	約略曉得	知道
探聽	使曉得	知
風聞	曉得	使知道
耳聽	耳震聾	知覺了
一齊聽	狠震耳	使知覺

詳細人
一齊詳察
使人詳察
詳察
詳察的
使詳察

使人驗實
驗實
使驗實
使人窮究
窮究
使窮究

使人訪問
訪問
使防問
使人察明
察明
使察明

詳驗類

呼不知姓名人口氣
呼下人口氣
這個
你瞧
夫妻相呼口氣

使人招呼
招呼
使招呼
尋覓下人口氣
叫人忘名口氣

合手吹叫遠處人
點手招呼
一齊招呼

急速
一齊上緊
來上緊
去上緊
使人上緊
上緊
使上緊

敏捷樣
爽利
急速着些〻
爽利著些〻
早着些〻
快着
急着

一齊催
來催
去催
使人催
催
使催
果斷樣

● 催逼類

探信
使探信
使訪察
訪察

去找
尋找
使尋找
使人探信

翻找物件
共相急找
使找去
來找

遲鈍	至於遲	遲延
略慢些	遲	至於悞了
慢	摸索樣	悞了
使緩慢	無緊要	遲悞
緩慢	慢性	使遲久
略從容些	遲滯	遲久
從容	逗遛	狠落後
略緩些	延挨	落後了
緩	略遲鈍	落後

◉ 遲悞類

催追	去催追	一齊催追
使催追	使人催追	來催追

倚靠處
靠着了
使靠著
靠著
眞靠得
可信
可靠處
靠頭

去親近
互相倚附
來倚附
去倚附
依附
相依
倚靠着
倚靠

倚仗著了
倚仗着
倚仗
親近
互相結交
使結交
結交
交結的

◉ 倚靠類

半路
半途
止住

悞
悞處
半途廢事

躭擱
將悞
至於悞

一併

一齊取要

使取要

要

使接受

使拏去的口氣 · 呈送

使人給

給

使給

轂

轂轂的

着實實的

使入巳

入已

永遠入已

使著實的

著實的

著實

全然

罷了的口氣

罷了

應許

轂了的口氣

使轂

● 取與類

憑倚

保障

蒙文書社出版

使照看	有恩情的	虧他
照看	恩情	感激
看顧	常收攬	使報復
救護	收攬	報復
一齊扶助	偏護	報
使扶助	一齊保護	報應
扶助	常保護	效驗報
一齊幫助	使保護	生受了
常幫助	保護	道謝
使幫助	保護的	酬勞
幫助	資助	報恩

● 助濟類

均齊

使一樣均勻

一樣均勻

使均勻

均勻

勻

一齊散給

來散給

去散給

使散給

散給

使將足

將足

使足

足

使彼此對挪

彼此對挪

挪移

使通融

通融

使挪補

挪補

將彀

略足

僅足

190

● 分給類

漢語同上

分

扣算分給

編派

分派

分給半分

使分開

分開

共分

使分

分二

使儘量得

儘量得

輪著

使得

得

使算入

算入數內

掣籤

平分

半中的一半

爲賛

裨益

利

有益

利益

很多

滿得

遞運
使運送
運送
送到去
送往
使送往
遣致
遣
使送
送
送去

取去
使取去
使人送來
送來
使送來
換用
使抵盜
抵盜
傳遞
使轉運
轉運

接連
接續不斷
陸續
轉傳
拏去
使拏去
使人去取
使去取
拏來
使拏來
使人取去

使求
求
去求
令人求
來求
使去求

● [Manchu] 求望類

使間隔出
間隔出
使除出
除出
瞞藏
使有心遺漏
有心遺漏

使空過
空過
使落空
落空
花花搭搭
間隔著給與
間隔著給

失望
漢語同上
掃興
心灰了
健心灰
心灰
遺漏

● [Manchu] 落空類

長養

生長

生

孳生的

來營生

去營生

孳生了

使孳生

孳生

● 生育類

皮臉

捨臉

無恥祈求

奔競

希圖僥倖

討便宜

懇求

各處央求

請託的

使賴著要

賴著要

開口求告

討化

濫求

央求

偏求

使常指望

常指望

使指望

指望

可望

期望的

使請託

請託

臨產

覺撒了

害口

臨月

漢語同上

有孕

雙身子

過了月

坐月子

胎包下了

胎包

胎

分娩了

生產了

上搖車

搖車

生產密

乳結住了

嚼喂食物

乳下了

兒枕疼

◉ 生產類

使成就

成就

長了

長

立定

長進了

長進

成就了

共養

去養

使養

養

喜 · 喜悅 · 使喜悅

● 喜樂類

使背著 · 經意愛惜

背著 · 親嘴

使抱著 · 手拍小兒 · 草把

抱著 · 長撫育 · 蓐草

手把小兒 · 撫育 · 裹小兒的布單

使照看 · 恐迫怎麼樣了 · 接子

照看 · 嬌養 · 哂的假乳

連聲哄睡 · 嬌 · 哄小兒語詞

哄睡語 · 掌托站立 · 偏疼

揚聲哄小兒睡 · 絡繫背著 · 極愛惜

愛欲

欲

使愛

愛

羡慕

共愛

● 愛惜類

稱心

有趣

眼亮了

合

舒心

暢快了

使暢快

暢快

共喜悅

九日登高

閒遊

遊玩

遊

共快樂

使快樂

快樂

樂

稱心了

共安歇

使安歇

安歇

安息

使安逸

安逸

可安逸

笑

使人笑

共笑

◉ 嘻笑類

嗜好

嗜欲

乘意

湊巧

愛不忍釋手

渴想

垂涎

很愛

稀罕

可愛

看怎麼樣

可惜

狠可惜

愛惜

可惜處

惜

乘勢

就勢

順適

情願

只是貪戀

貪戀

可貪戀

係戀

看像了他

恐有失錯

好好的

謹防

漢語同上

小心著

漢語同上

戲謔	說戲話	使說戲話

戲耍類

撇嘴	衆笑聲	大聲笑
微笑	呑聲笑	衆人大笑
抿著嘴笑	響笑	俯仰大笑
巧笑	忍不住猛笑	大笑
笑盈盈	漢語同上	仰面大笑
漢語同上	忍不住忽笑	開口大笑
冷笑	忍不住鼻中微笑	忍不住笑
恥笑	只是呲著牙笑	漢語同上
笑語	呲著牙笑	衆人大笑
一齊笑	撇嘴笑	衆人嘻笑

(戲耍類)

- 鬬笑
- 鬧將
- 打瓜子
- 癲子
- 惹人
- 撒臂
- 撒癲
- 招人
- 戲法
- 戲弄
- 格支
- 利子
- 抹畫煤
- 使格支
- 戲
- 頑藝
- 翻觔斗
- 唱戲
- 頑戲
- 使翻觔斗
- 戲班
- 頑耍
- 格蹬
- 秧歌
- 使頑耍
- 雙腿換跳
- 古詞
- 共頑耍
- 摔腦殼
- 說書
- 頑皮
- 漢語同上
- 頑笑人

◉ 貧乏類

貧

貧窮

衰敗了

艱難

艱苦

艱窘

受困

窘迫

致於窘迫

空乏

困住

困窮

窮乏

破敗

淡薄

沒有

空

缺

寡少

清苦

窄

累

愁苦

[illegible]舊

襤褸

單薄

單寒

冷清

蕭條

空落

蕭索

露窮

能得

剛殼過

很窮

赤貧

窮透

伶仃

奔忙

來贖 債累 移債他人

去贖 債 抵還

許贖 保 使還

贖 立券 還

使當 中保 使生利息

當 債負 生利息

當舖 借債 利息

當頭 放債 債多

當借類

奔求 窮甚

度命 窮隳頹 彆住了

餬口 窮極 窮的大瞪著眼

饑饉類

饑餒
饉
渴
餓的心荒
餓的腸鳴
餓了
餓
使挨餓
挨餓
饑餓
饑
饑的慌
熬淡了
餓的無法了
使餓的無法
餓的無法
乞食様
乞食
餓的張著口
斷絕了
斷絕
凶荒
餓的踉蹌
餓的無力
餓壞了
饑渴透了
致饑餓
餓過了
餓極了

打冷戰
冷的發噤
透骨寒
冷的削臉
凍的疼
凉著了
著凉
凉
冷了
著冷
害冷

凍僵了
怯寒
冷極戰樣
戰動樣
亂戰
渾身打戰
致打戰
戰
打寒噤聲
寒冷聲
寒戰樣

被雨淋透了
雨淋透了
凍的臉白
凍木了
凍拘攣了
凍的拘攣
凍抽抽了
受不得

● 寒戰類

悶	致于悶	只是煩悶

● 愁恨類

恨	生氣	
嘔嚷	傷心	恨的挫手
遭孽	痛苦	恨的咬牙
罪孽	傷心詞	暗恨
齊怨	可愧恨	一齊懷恨
使怨	一齊愧恨	懷恨
抱怨	使愧恨	可氣
怨	愧恨	氣極了

● 怨恨類

悔	後悔	使後悔

● 悔嘆類

憂愁	勞	不妥詞
愁	勞苦	勞神
憂	傷透了	苦了
作難	傷透	焦躁
可煩悶	可傷	煩躁
煩悶	傷心	煩悶輾轉
可鬱悶	傷感	獃癡樣
鬱悶	罣懷	蹙額
懊惱	憂患	愁的皺眉
可悶	可憂	可勞苦的

哭

使哭

齊哭

哭泣類

嘆

心志灰了

怕了

怕

無怕懼

怕懼

未完心病

一齊歸咎

歸咎

咎

長嘆聲

可惜

完了

可惜詞

嘆詞

嘆聲

嘆氣

可嘆

致于嘆惜

嘆惜

吊味兒

甚麼意思

甚麼希罕

爲怎麼來呢

漢語同上

有要無緊的

教人吊味兒

只是嗟嘆

一齊嗟嘆

嗟嘆

白白的

悔嘆自咬聲

嘆氣聲

皺眉
動怒
有性氣
怒

嗔怒樣
氣的臉青
暴怒
眼圓睜

氣的打戰
怒愈盛
大怒樣
氣的吐沫

怒惱類

低聲哭
嗚咽
漢語同上
漢語同上
涕淚交流
舉哀
哭哭喊喊的

淚珠滾流
雙淚交流
淚直流
慟哭
慟
悲哀
呑聲哭

撇嘴欲哭
一齊傷悼
使傷悼
傷悼
可傷
傷
淚汪汪
哀戚樣

● 怕懼類

使性氣

暗怒

發懕

摔掇

撒摔

揉搓

氣的搓手

亂撒摔

加怒

怒氣冲動

怒氣上冲

離間

齊忿惱

使忿惱

忿惱

齊惱

微惱

被人惱

嗔惱

惱

氣平了

氣略解了

說甚麼

鬚髮亂乍

撅起嘴來了

撅著嘴

咕嘟着嘴

生分

心離

彼此不對

搭臉子

不睦

疎離

可懼
只是恐懼
一齊恐懼
懼
一齊驚
使驚
驚
嚇的白瞪眼
驚怕樣
可怕
一齊怕
使怕
怕

小兒驚痄
驚悸
躊躕
憂懼
吃驚
驚訝
唬的心跳
心內跳
惶恐
小心謹愼
畏懼
可畏
畏

怔了
嚇的發怔
驚獃了
驚獃
怕極樣
唬住了
被唬住
唬住
畏避了
使畏避
畏避
拘束
憂憒

去說話

使說話

說話

語

言

說蒙古話

說滿洲話

同說話

齊說話

來說話

使說

講說

說

繙說外國話

說漢話

言論類

心驚

嚇癱了

嚇迷了

漢語同上

嚇一跳

楞怔樣

怯

登高驚懼

打戰

戰競競

驚唬心動

膽戰

無膽氣

畏怯

熟練

清楚

明白

新鮮話

謠言

流言

常言

佞口

講論

共論

談論

論

常言道

屢說

提白

常提

沒提

提起

提

很很的

決意

特意

鋒刺

切實

切當

柔和

討牢

討憑據

話留後尾

抄尾說

彼此牽扯

亂牽扯

牽扯

共喧譁

喧譁

譁

喧嚷

冒失

熟快

莽撞
借詞遮飾
上趕著
調市語
巧辯
遮飾
改正
橫插話
插話
壓派
窮話
截話
譏誚

結巴
齩舌
話不清楚
語急促
譏諷
打趣
譏刺
張口結舌
不能答對
詞窮
窮究
嚼說人
强詞

信口說
支離
說村話
胡謅
混說
高聲亂說
傻說
嘮叨
亂說
絮叨
話煩
話黏
很結巴

直爽
聯貫
話不聯貫
悄悄的
話語將完
暗暗的
暗說
耳邊低語
自言自語
話聽舛錯了
粧聾
妄談
話無倫次

話不着要
祗管說
話無忌憚
突然說出
嘴快狀
咕噥狀
信口亂道
語急不清狀
口內自語狀
話不住口
大聲說
叱責
高聲狀

說話鼻音狀
背人說話狀
偷着說話
瑣碎狀
話不明白狀
低聲說話狀
話無頭續狀
彼此閒談
厭人話煩瑣狀
厭人話多狀
話累贅狀
話不休歇狀
絮煩

怕極低聲狀
悄語狀

言語拙鈍不清狀
說話結吧狀

語音啞閉
小兒學語狀

聲響類

聲
音
平聲
上聲
去聲
入聲
仄聲
韻
餘韻

響聲
響亮
作響聲
響聲接連
聲音悠揚
聲氣
聲氣大
作聲氣
使作聲氣

使響
響了
打哨子
高聲叫喚
聲岔
倒腔
聲尖
聲濁
聲細

逐貓犬聲
喚狗聲
喚兎鶻聲
喚鷹聲
猛驚聲 乾嘔聲
乍驚聲
驚懼聲
喊聲
衆工作聲
叩頭聲
誦經聲
聲低
聲清

小兒學話聲
衆人說話聲
猛拔刀聲
着棋聲
擲硬物聲
抖紙聲
打鐵聲
敲實物聲
敲空木聲
連敲門聲
逐雞鳥聲
趕狐兎聲
趕獸聲

吹物聲
哈凍聲
睡着出氣聲
嘔吐聲
喀痰聲
打呼聲
嚼硬物聲
嚼脆骨聲
嚼冰聲
喝粥聲
抽食麵粉聲
鼻音
輕視人的聲

蒙文書社出版

打嗝聲

喉轉聲

喉堵聲

漢語同上

連嗽聲

乾嗽聲

小兒乍哭聲

衆小兒哭聲

乳兒哭聲

哭韻

慟哭聲

哭聲

嘆聲

喊聲

齩牙聲

踏落葉聲

踏硬地聲

步履聲

衣服相刷聲

物拖地聲

脚擦地聲

踏冰雪聲

踏碎石聲

衆人跑聲

亂哰聲

衆人嗽喉聲

響

齊打鞭聲

打鞭聲

掌嘴聲

棍棒相打聲

衆人爭嚷聲

衆人嚷鬧聲

衆人爭論聲

相爭聲

衆人呼喊聲

着急聲

吽喊聲

衆人力作聲

鼓鑼齊鳴聲
鼓鑼聲
衆鼓聲
鼓聲不斷
鼓聲
磬管悠揚聲
漢語同上
鐘鼓齊鳴聲
鐘磬聲
鐘韻
鐘響聲
鐘聲
破鑼聲

衆鈴響聲
大鈴聲
鈴聲
單鈴聲
鈴鐸聲
甲葉響聲
鑰匙腰鈴聲
刀環腮鈴聲
手鼓聲
銅鐵相碰聲
佩玉聲
漢語同上
簫管瑣嚓聲

大炮燇聲
衆小炮燇聲
小炮燇聲
藥信點着聲
齊放鳥鎗聲
手鐲聲
銅磁墜落聲
銅鐵亂碰聲
銅鐵碰物聲
哨子箭聲
吹海螺聲
連敲木魚聲
衆鈴亂響聲

物落水聲
涉水聲
水點滴聲
水點聲
海潮聲
樹葉草稍聲
乾枯草木聲
大風雨聲
風聲不斷
風聲
山谷應聲
紡車聲
搯鎖聲

砍木斷聲
倒硬物聲
皮緞糟破聲
炒內燒肉聲
鑿冰聲
攪絞桿聲
葉落聲
果連落聲
果落聲
走濫泥聲
水滚聲
倒水聲
撤網拉網聲

墻倒聲
車輪聲
車壓硬物聲
衆空車聲
重載車聲
漢語同上
重車重擔聲
衆車聲
車轆聲
馬蹄踏石聲
伐木聲
献木聲
砍木聲

脆物折聲
大木折聲
乾木折聲
亂碰聲
碰物聲
小物連墜聲
硬物墜地聲
衆物沉墜聲
高處墜落諸物聲
大物墜落聲
大物墜地聲
物墜聲
墻屋倒塌聲

衆狗齊呌
狗呌
羊呌
麕鹿驚呌
狠狗號呌
虎鹿駝驢呌
加鞭聲
粉碎聲
碎折聲
割穀聲
冒出聲
摔硬物聲
破綻聲

麕鹿羊羔呌聲
牛吼鹿鳴聲
獐麕鹿羔急呌聲
虎猛呌聲
虎獸相拒聲
哈叭狗呌聲
狗急連呌聲
狗急呌聲
狗掙呌
狗哼哼
狗惡連呌
狗呲牙呌
狗惡聲呌

蒙文書社出版

羊羔尋母聲

駝驢叫聲

馬蹄磕絆聲

肥馬羣行聲

衆馬行聲

馬鼻喘息聲

漢語同上

馬眼岔噴鼻聲

馬噴鼻聲

騷鼠等物拒人聲

猴叫聲

雞犬羣叫聲

獸猛起聲

珠頂紅鳴

鳥雀噪

水鶿鳥鳴

布穀鳥鳴

斑鳩鳴

可鴿鳴

烏鴉鳴

喜鵲噪

母雞野雞鳴

雞鳴

鳥啼

屢鳴

鳥鳴

鵰鳥狠鶻拒人聲

鴨蛙鳴聲

鵝鳴聲

天鵝鴇鵝鳴聲

雞鳴聲

羣雁飛鳴聲

鷹拒人聲

生鷹叫聲

蝦蟆叫

鷹鷂鳴

雉秋鳴

衆雀噪

蟲鳥羣鳴

顯類

略顯然

明顯

● 隱顯類

羣鳥飛鳴聲

雀相尋聲

晨鳥噪聲

羣雀齊噪聲

雎鳩相鳴聲

羣鳥春鳴聲

雀被擒叫聲

黃鸝噪聲

羣鳥飛鳴聲

雁鳴聲

兎鶻擊物聲

羣鴉啼聲

蟲鳥起翅聲

羣鳥齊飛聲

羣雉齊飛聲

鶉鳥忽飛聲

大鳥忽飛聲

雉飛聲

禽鳥急鳴聲

禽雛喚母聲

蚱蜢飛聲

蚊蠅飛聲

促織齊鳴聲

蟒蛇急過聲

蝦蟆青蛙齊叫聲

蝦蟆叫聲

草蟲屢鳴聲

草蟲聲

魚鳥掙跳聲

坐

坐着

使坐

◉ 坐立類

明露出

物沉水冒出

高浮出來

明白

至於洩露

洩露

有分別

顯露

現出

使顯露

外邊

外面

向外

外

浮面上

浮皮

略浮

浮面

突出

全露出

略向內

向內

裏邊

內

內裏

使掩盖物口

掩盖物口

暗昧

隱

並膝坐
圍坐
乏坐樣
混坐樣
穩坐
端坐
實坐
盤膝坐
共相坐
同坐着
衆坐
來坐
去坐

衆人安坐
惱悶坐立狀
衆人閑坐樣
坐立無聊
直腰坐
坐着前移後退
猷坐
擠着坐
衆人靜坐
獨坐
抱膝坐
伸腿坐
單腿跪坐

略站立
同站立
使站立
站立
止
立
挺身跪坐
蹲着
使轉身
挪空
躲開
令擡起
相背着坐

一齊行走
使行走
行走

當日面來
幸頭好
遠行

邁步
步
跬步

● 行走類

雄立狀
直豎着
直站着
忽站忽出
臥處猛起
高處坐立
猛站起
突然

略俯身
使俯身
俯身
跨着
岔腿坐立
聳後身
拱肩站着
彎腰

背着
漢語同上
倒背手
漢語同上
抄手
俯着
探着身站立

一齊跑
使跑
跑
手足急忙
大步趨行
趨行
步行
使走
走
一齊跴
被跴
跴
學邁步

跳過
跴磚過氷
拄住棍子跳
踴躍
跳過來
跳過去
使跳
跳
一跳遠
跑脫了
俯身趨走
一齊爭跑
衆人爭跑

升
斜遶着上
挽繩而上
一齊去高
去上高
使上高
上高
攛上去
高縱
跳高
跴的不穩
急的高跳
越過

226

從
漢語同上
使從高處下來
從高處下
使下去
下
漢語同上
一蹬一蹬的上
獨自先登
使踰過
踰過
升上去

使引行
引行
過了大半
能急攛
不覺快自快
併程
抄近走
直走
通過來
通過去
自高處緊下來
從高處溜下來
從險處下來

遊蕩
躲着正路走
躲着路行
找尋
走迷了
迷路
離遠了
去遠了
遶道走
遶遠了
拐灣
遶灣
跟隨

亂撞

踉蹌着走

醉後前仰後合

打踉蹌

搖擺着走

捽袖

側身搖滉

漢語同上

嬝娜

斜身走

搖幌着走

摸索着走

觀望着走

略瘸

瘸

脚擦地行

兩腿絆繞

腿發絆

岔腿走

撇着腿走

歪拉着走

歪着走

鬆着勁走

彎着腰走

腰壓彎了

象蛇行

行動靈便

行動輕佻

衣拖地

行動文雅

漢語同上

衆人緩行狀

行走打奔

慢走等候

使等候

等候

走獨木橋

拄杖走

跁

蒙文書社出版

228

歇息

歇着

去歇息

使歇息

已歇息

一齊歇息

歇息類

透迤

安祥

走的平穩急快

一氣跑去

徑直行

低頭直行

突出

魚貫連行

上樹下樹伶便

奔波趨事

騎驐馬怒去

胖人隨行

胖笨

矬人慢跑

腰鬆步遲

腰疼强行

蹁躚

飄逸

小兒學走學話

小兒行走磕絆

負重站不穩

漢語同上

一步深一步淺

一磕一絆

踉蹌將倒

磕絆

起行處
同行
使行
使去
去

過去
使出去
出去
使起行
起行

來
覿面叫人來
使到來
到去
將近

去來類

使歪靠
歪靠
已安息
安息
歇止
安逸

乘涼
歇陰涼
使拄着
拄着
使倚着
倚着

搧翎扇
搧扇子

恰好撞來
正遇着
進來
進去
進
到來
將到
使歸
歸
使回
回
歸回
使來

偶然
順便
彼此來往
會合
順便到去
來迎
迎
去送
送
竟入
累墜
忽來忽去
大家散去

好閒走人
閒走
不時來往
往來不絕
常來往
行走稠密
行走稀疎
漢語同上
間或

◉ 疲倦類

歇後轉乏
疲乏了
疲乏
覺疲乏
走急疲乏
疲倦了
疲倦
乏了
略乏
使乏
乏

疲

乏解的快
乏敝了
疲敝
軟倒
乏的馱了
軟癱
無了支持
乏透身軟
乏極
狠乏了
乏透了

不耐乏
熱昏了
餓熱發暈
熱極了
乏透
熱極 中暑
乏渴極了
乏渴
力竭
當時歇不過來
就歇過來了

232

仰面挺身臥 伸腿臥下
厭人倒臥樣
直挺挺的
側臥
俯臥
仰臥
通腳睡
一齊臥
使臥
臥

困了
睡的輕
困大
困
翻騰
翻身
醒着
就地臥
軟癱睡臥
伸腰拉胯臥

安寢了
一齊睡
去睡
使睡
睡
閉眼
磕睡
忽然困了
眼露困
打哈息

● 睡臥類

背之
張口大喘

緊急
快着
略快
快

急躁
上緊
略緊
漢語同上

隨卽
相繼
一齊忙
忙

● 急忙類

魘住
小兒肯睡
說古引睡
打呼
睡熟
略睡卽醒
似睡不睡

夢見
胡夢
做夢
夢
撒囈怔
睡着說譫語
說夢話

沒了困了
帶着困
叫醒
醒
猛醒

存留下
存住
使留
留住
留下

使存住
存住
存下
使存留
存留

居住
居住下
使容留
容留
遺留

留遺類

徒忙
張羅
一齊着急
使着急
着急
不住

漢語同上
慌慌張張
慌慌忙忙
忙忙亂亂
現成
立刻

漢語同上
急急忙忙
匆匆忙忙
亂亂紛紛

234

屢遷移
游牧處
住下
漢語同上
常漂流
齊游牧
遷移去
漂流
去游牧
使遷移
流蕩
使游牧
遷移
離開
游牧

遷移類

差遣
逐出
遣去
驅逐
戀住
逐去
使休出
戀
屏棄
休出
棲處
一齊差遣
略往那邊些
去居住
使差遣
往那邊些

動蕩
齊動探
使動探
動探
行動
使搖動
搖動

齊推
使推
推
挪開
挪移
動作
微動

震動
使旋轉
旋轉
使調轉
調轉
使擺起
擺起

● 搖動類

下著
下
使住
住

使歇程
歇程
齊下著
使下著

使連夜
連夜

揩
一揩
只管摩
使摩
摩
只管拿
使拿
拿

拿放類

蹁躚
顫
被震動

抱着
抱
抽
亂抓
抓
棒着
一棒
只管揩

搖幌
旗飄動
歪斜
翩翻

使放
放
放下
拿獲
瞅冷拿住
恰好碰着
爭扯
久別緊抱

豆爆
震動象
微顫
顫動

使撒
撒
撒下去
摔
摔下
使擲
擲
擲下

使拋
拋
拋去
繫石撒
繫石撒去
使撒遠
撒遠
往遠撒

撒
撒去
使撂
亂撂
撂
撂下
棄
亂拋

◉ 擲撒類

將及不及
遲滯
摸索

隨拿卽脫
將趕上
未拿及

無拿手
不得力
脫落

● 憎嫌類

逢機會	會見	
逢得着	相碰着	恰遇見
逢	碰	忽遇見
遇得着	該着	彼此
相遇	無心撞見	來會見
際遇	撞見	去會見
遇	致逢機會	使會見

● 遇合類

橫竪亂拋	亂縱橫	
撒拋	橫竪亂放	

惹人厭
厭
不希罕
不足取
可憚嫌
厭人鄙吝
使人嫌
嫌
可惡
厭惡
惹人惡
惡
可惡的

致不舒服
不舒服
不舒暢
可惡心
使惡心
惡心
可憎
惹人憎
憎
可厭煩
甚厭煩
厭煩
可厭

趁願
狠可惱
扭別
不悅
可嗔
厭與同處
惡心的慌
厭憎
憎惡
不願意
不受用
略不順眼
不順眼

作害

禍害

行刺

使侵害

侵害

來干犯

去干犯

使干犯

干犯

◉ 侵犯類

幸災

被趁願

去救援

救援

好攬事

來侵犯

去侵犯

怒欲剅鬭

憤怒

只管尋趁

尋趁

做甚麼

好暢快

暗招惹

只管黏滯

黏滯

不明不白

無緣無故

尋破綻

漢語同上

尋因由

來救援

被輕忽
輕忽
被輕慢
輕慢
被輕視
輕視
被輕賤
輕賤
賤

恥笑聲
笑人無能
不足人聲
一齊恥笑
恥笑
可笑的
使笑
被笑話
笑話

可揭處
做夢呢
說譫語呢
這樣本事麼
笑人沒幹
笑人不能事
扒眼笑人
連啐人聲
啐人聲

● 鄙薄類

激人生氣
冒犯

譏刺纏惹
纏擾

尋趁慣了

◉ 責備類

敵家
相抗拒

敵
抗拒

使結讐
使作對

都成讐
作對
復讐

結讐
相拒
還報

有讐的
使爲敵
使報復

讐
爲敵
報復

◉ 讐敵類

被揭短
話把

揭短
互相揭短
口實

挫磨	使挫磨	當奴才使

● 折磨類

使怪不是	摔掇	規戒
怪不是	被撴摔	戒
責備不了	撴摔	勇往管轄
叱咤	被搶白	使管轄
怒嚇	搶白	管轄
嚇	使搶白	約束
吆嚇	怎麼說	鬬
使責備	厭怪詞	被抖搜
責	使怪	抖搜
責備	怪	被摔掇

罵

罵人

使人罵

● 咒罵類

施累

受折奪了

折奪

給小鞋穿

作賤

苦累

勞苦

折挫不了

勒揹

挫磨至極

糟給我

擺布

使忿怒

使鬱忿

纒磨人

折人銳氣

折挫

折磨

被施累

傷害

調置物地

使激

激

使傾害

傾害

毀壞

遭害

甚麼行子

很沒體面

不留體面

沒體面

被人話噎

說噎人話

話噎人

盟誓

使起誓

起誓

使咒

咒

相罵

砍頭的

天知道

淫婦

淫蕩

怪物

野種

娼妓

賤種

下賤

懶婦

生了癩的

癩物

村奴

死是呢

殺材

死物

長蛆蟲的

蛆拱的

厭物骨頭

厭物

討人嫌

受罪

作孽的

造罪的

遭瘟的

碎剮的

作亂
亂
使變性
變性
起叛心
心離
叛離
使叛
叛

辜負
使違
違悖
違
使背
背
悖逆
爲逆
逆

至於變臉
變臉
嫌隙
改變
變了
變
更變

叛逆類

窮的臭氣
塞住心的

該死的
癩毛東西

慣嫁人投主子的
賬死的

● 逃避類

逃
使逃
躲
躲避
使躲避
齊躲避
躲閃
藏

藏躲
使藏躲
藏藏躲躲
齊藏躲
躲開
使躲開
閃開
流散

東逃西散
掩避處
掩避
使掩避
隱
隱瞞
使隱瞞
隱匿
使隱匿

● 竊奪類

賊
賊盜
慣作賊的

成了病
一齊患病
病了
有病的
病

痞疾
疝氣
勞病
肯病
總不離病

熱症
瘟疫
吼喘
吼病人
吼病

● 疾病類

丢了
去偷
被偷
偷
竊盜
强盜

搶掠
抄搶
被奪
奪
窺伺
窺探

窩主
打截
截路
被截
截

起鬼風疙疸
鬼風疙疸
癱瘓
噎膈
羊角瘋
中了邪
瘋了
下墜
水瀉
瀉肚
漢語同上
痢疾
瘧疾

殘疾了
殘疾
小兒驚痄
小兒發賴
小兒病
不爽快
傷風
寒筋
感冒
痰火病
中風
手足筋疼
狐臊

嘔逆
漾
作酸
只管惡心
乾噦
惡心
膨悶
膨脹
胸膈發脹
喘吁吁
喘
急喘
虛弱

眼疼

眼生花

眩暈

頭發暈

頭暈

頭疼

疼極

疼痛

心口跳動

心跳

胸膈脹疼

心口微疼

心口疼

眼磨着疼

眼扎着疼

眼迷了

落枕

岔氣疼

腰扭了

腰閃了

腹鳴

腹疼

扎着疼

心急跳

◉ 疼痛類

咳嗽

嘔吐

嘔

醋心

打噎嗝

乾嗽

氣結脹滿

氣逆連打嗝

打飽嗝

發燒
跳膿疼
徹骨疼
刺骨疼
骨節疼
漢語同上
螫的疼
破處疼
燙的疼
疼
疼的着不得手
酸疼
手足村了

成膙了
手足抽搐
氣壅堵
冒風
軟弱無力
顫搖
肉跳
身子抖顫
打顫
出疹子
煩躁
躁熱
心裏發燒

暴病
暴疼
燙着聲
碰疼聲
噯喲聲
喊叫
疼的出聲
哼哼
倦軟
木了
微麻
麻了
發麻

瘡　生瘡　禿瘡

● 瘡膿類

添病　發昏

病深了　頭碰暈　失音

延纏　昏迷　牙關緊了

久病不見好　倒氣　牙關張不開

犯病　掙命　迷亂

病反復　病重　恍忽

病重落　病沉　昏沉

瘦乾　不省人事　常發迷

皮裏抽肉　病倒　發迷

落炕　很病　忽然迷倒

癬
疥
熱疙疸
乳蛾
癤子
癰疽
疔
搭背
天疱瘡
楊梅瘡
鼠瘡
黃水瘡
螻蛄瘡

痔瘡
惡指
生耳底
針眼
馬牙子
生⿰齒兼唇
⿰齒兼唇
生口瘡
口瘡
馬嚼瘡
紅點瘡
蛇檐瘡
疿子

黃水
清膿
出頭
長膿
膿
瘡破了
會膿了
瘡興了
往裏套
肯套的瘡
雞眼
瘊子
漏瘡

腫　微腫　腫了

腫脹類

瘡底盤　花兒窮
瘡結痂　花兒多　水痘
瘡痂　出蓋痘疹　痘後毒瘡
瘡疤發癟　出花　痘毒
收了口　見苗　落痂
收口　痘前發賴　花兒回動
流膿水　花兒　灌漿
膿直流　成瘡疤　花兒密
膿冒出　瘡疤　花兒稀
刺破聲　頭上瘡疤　花兒少

諱言陣上中傷語
傷口
中傷
傷

被劃破
劃破
浮傷
諱言人陣上中傷語

碾傷
被剮破
剮破
剮傷

傷痕類

皺
很癢癢
癢癢
牙花面目微腫
面目腫
腫脹
宣腫

起燎漿泡
乳結
生了瘰癧
起膙子
膙子
皮皺厚
皮皺厚了
皺了

腫消了
紅腫
腫處會膿
起了泡
泡
燙成燎泡了
燙出燎泡
燙了

瞎

瓢兒禿

禿子

殘疾了

手足殘疾

殘疾

醫矇

蘿蔔花

瘸一足眇一目

失明

扎瞎了

瞎子

豁唇

結吧

不出聲啞吧

啞吧

聾子打岔

聾子

◉ 殘缺類

血蔭了

血蔭

青傷

劃傷

擦破

刺扎

刺

痕跡

已出傷痕

鞭棍傷痕

傷痕復犯

札的荒

被刺扎

越分	太過	致奢費
僭越	過踰	奢費
越分的	作怪	用度張大
僭	傲慢	張大

僭奢類

羅鍋	疙疸臃住了	喉鼻緊塞
雞胸	努結了	身子發綯
雞胸 歪額	努結	手足不得力
瘻袋	鱉手	拘攣
糟鼻	歪指	撇脚
牙齒豁了	一順歪	羅圈腿
豁牙	一邊歪	瘸子

溺
黏抓
只管煩黷
煩黷
貪黷
黷
貪淫
淫

好極了
陷溺了
沉湎了
下流了
慣了
貪進去了
貪溺了
貪溺

俏淚人
俏淚
行淫蕩
淫蕩
發淚
困於酒
所好的
好

淫黷類

耗費
奢費人
齊奢費

遭蹋
費用
致耗費

無節制
齊遭蹋
致遭蹋

翻復

不定

荒唐

含糊

齊猜疑

被猜疑

猜疑

嫌疑

疑惑

疑

遲疑不決

可猶豫

猶豫

不妥當

不妥

猜想

漢語同上

三心二意

無定準

翻轉

游移

遲疑

可疑

被疑

● 猜疑類

引誘

賣俏

粧俏

彼此調戲

調戲

彼此引誘

唱淫曲

得意傲慢
疎淡
矜誇
佯佯不睬
冷淡
矜
揑大欵
總不算數
容不下
大樣
不算數
生分
傲慢
毫不理人
無情趣
驕傲
不理
寡情
驕
藐視
罷鬆

● 驕矜類

或是
想是呢
想是
好像是
無定向
莫不是
怎麼樣呢
滯礙
或者
若是

舉止輕浮

輕浮

寒賤

舉止不定

肯驚慌

閃灼

輕狂類

充能的人

抗越

怪樣

怪樣人

胡誇張

逞强

逞能

誇張

誇張人

好修容止

强梁

豪强

粧模作樣

驕縱

心肥

挺胸自大

昂然

充能

好修飾

輕狂

張狂

張狂人

粧飾

好粧飾

修容止

（輕狂類）

不穩重
漢語同上連用
跳跳蹋蹋
抽抽搭搭
婦女輕薄
無耐性
迂浮
無坐性
虛飄
輕躁
輕
輕飄
輕佻

冒犯
好攬事
攀高
醉鬧
醉鬧人
狂妄
狂
東張西望
輕舉妄動
反覆無常
恍惚不定
賊眉鼠眼
抖抖擻擻

作怪
難纏
詢氣
冒失人
亂言人
嘴快人
言語粗魯
強嘴
強詞
說話冒撞
冒撞
膽大
冒瀆

任性

領頭人

好強人

被使強

使強

被強梁

強梁

致恃強

恃強

致用強

用強

被訛詐

訛詐

被逼勒

逼勒

強派

被壓派

壓派

被欺凌

欺凌

發豪橫

作威

越分專行

漢語同上

不由人主張

自專的人

自專

齊霸佔

被霸佔

霸佔

訛頭

● 強凌類

畏縮
暗窺
欲逢迎又畏懼
畏避
發獃
獃獃的
庸劣
駑鈍
無能耐
庸懦些
庸懦

軟
弱
癱軟
行動鬆懈
無情趣
無精打彩
隨衆
獃顛獃腦
畏首畏尾
無心緒
忐忑

碌碌庸人
發怔
怔呵呵的
姑息
心活無主
心活
柔弱人
不骨立
嬌嫩
稀軟的人
露軟

懦弱類

委隨

委隨人

平常

匾淺

淺

遲慢

不及

無能爲的

微懦

懦

微懦弱

懦弱

瑣屑

忘

無記性

忘性 肯忘

無能

無內囊

不得主張

無主張

漢語同上

折了銳氣

不耐勞

掯笨

志向隳頹

不能事

靠人作事

強扎掙

扯鋸兒

乾張着口

把揩

全然忘了

儍了

儍

儍子

憨人

眼拙

略懵懂

懵懂

說話愚

行事愚

略愚

愚

暗昧

行事昏暗

略昏暗

昏暗

迷透了

昏憒

行事糊塗

糊塗人

略糊塗

糊塗

愚蒙

儍公子

漢語同上連用

言語遲鈍

略獃

獃

不了亮

不懂脉

無知識

無眼識

渾濁

渾

● 愚昧類

差錯　沾染　可挑吒處

舛錯　過錯　疵病

認錯了　致失錯　被牽累

錯謬　失錯　牽累

錯　微失　玷辱

錯了些　失　玷

過誤　遺漏　累

過　致舛錯　習染

● 過失類

肯說獃話　漢語同上

獃蠢

獃子　只管亂說　妄談人

壞

敗壞

◎ 羞愧類

羞恥

有羞恥

婦女面靦

羞

羞辱、可羞

肯害羞

慚愧

愧

使愧

可愧

沒趣

漢語同上連用

做難

愧見

羞的面紅

臉微紅

去臉

沒意思

羞的無言

默然沒趣

臉厚

皮臉

臉憨

恬然無恥

恬不知恥

不知羞

給沒臉

被給沒臉

發激烈

激烈

急躁

窄迫

舉動粗急

粗急

急迫

急

發暴躁

略暴躁

暴躁 性緊

行事狠

狠

行暴戾

暴戾

倔强

行暴

暴

瀰氣人

暗怒

嚷鬧

暴怒

惹不得

婦人撒潑

潑婦

略粗魯

粗魯

言語尖利

酷苛

利害

躁急

發躁

躁

● 暴虐類

慣脫滑的人
齊脫滑
只管脫滑
脫事
躲事
厭煩
發怵
倦了
倦
懶惰
懶

退後
退縮人
只管退避
退避
推辭
只管躲避
躲避
不肯用力
滑透了的
獃懶
肯脫滑

罷玩
行事罷緩
罷緩
支吾
事前着急
推故
借端
推委
推托
只管退縮
退縮

邋忽

浮泛

潦草

苟且

不覺

沒留神

漢語同上

沒理會

怠慢

怠

浮

大方模

行事疎略

疎略

迂闊

婦人懶散

粗俗

草率

行動迂疎

粗疎

鬆懈

舉動懶散

行事疎忽

疎忽

行事忽略

忽略

● 怠慢迂疎類

行事罷玩

奸滑

蒙文書社出版

信口撒謊
假粧老實
善哄人的
混撒謊
明明的哄
相哄
使人哄
哄
漢語同上連用
略虛假
虛假

使人欺
暗欺哄
欺詐
慣欺騙的
言過其實
混誇張
誇張人
虛誇人
愚弄
粧假
虛詞假作

誘哄
被人惑
惑
上當
使設圈套
設圈套
圈套
誘
使哄誘
哄誘
明知故問
騙

欺哄類

● 奸邪類

奸
奸計
使奸計
誆哄
計
慣使奸計
用計
局騙
局弄
作圈套
狡詐

行狡詐
總是狡詐
巧
弄巧
舞文
陰險
反覆人
反覆
改嘴
翻悔
食言

油滑
油滑透了
慣隄防
狡滑
滑透人
邪
行邪
歪
歪人
行事歪
偏

上	中	下
使毀謗	攛掇	討好
毀謗	只管加纔	討好的
劃鼻子	加害	獻媚人
劃鼻子的人	離間	獻媚
使挑唆	使人不和	諂媚
挑唆	陷害	諂
使人行讒	被人算計	上趕着人
行讒	被誣害	背後嚼說人
讒	誣害	背後毀謗

● 讒諂類

上	中	下
刻薄	偏護	彼此偏向
偏僻	行事刻薄	偏向

不肖

左

左性

謬

逆

悖謬

萬惡

惡

行止亂張

鑽營

鑽幹

鑽幹人

鬼怪

鬼頭鬼臉

賤惡人

沒樣兒

捨命

坐地虎

泥腿

皮賴

賴

拚命

闖光棍

光棍

● 兇惡類

迎合

迎合的

戴高帽

獻勤

逢迎

附合

趨奉

苦獻勤勞

賊害
捨着
受傷損
傷損
損
損人的
兇險
暴虐
虐
心活的
肯變卦的
賤貨
強是爲非

肯攀人的
齊攀件
攀件
使黑心
被人嫉妬
行嫉妬
嫉妬
忍
忍了
忍心
殘忍
行賊害
戕賊

妄
厲聲
護攬
漢語同上
記過失
暗恨
好事被人攔
攔人好事
破壞事體
慣會苛求
苛求

貪婪類

貪

貪取

獨佔

貪污

眼饞

無饜

摟

全摟

慣需索的

需索

被需索

侵蝕

使侵蝕

婪

婪取

肯爭

爭多

賺手

留賺手

留後手

爭添

使爭添

得後爭索

使爭索

齊爭索

少添些

給些

邋遢類

略覺厭惡
厭惡

厭惡類

面後帶眵
面目污臟
面目積垢
面垢
致污穢
作污穢事
污穢
作邋遢事
邋遢

充知道的
作厭惡事
鼻涕糊住
鼻涕邋遢
衣衫襤褸
頭臉腌臟
婦女蓬頭垢面
蓬頭垢面
落浮灰
熏黑了
熏黑

穿鑿
充知道
沾污
汗污瀾
衣盡油污
泥垢糊滿
閣疤住了
閣疤
沾污瘢點
污瘢

行止小氣

略小氣

小氣

瑣碎

混賬行爲

混賬人

只管嘮叨

嘮叨

嘴碎

● 鄙瑣類

積猾人

積猾

嘴毒

厭惡人

討厭人

言貌可憎

俗

厭物

奇怪

怪調

老積年

怪物

怪樣

聒躁

鬼詐人

鬼詐

乖張

故意

做作

毛病多

左道

漢語同上

邪術

妖言

舉動拙鈍
拙鈍
遲鈍
村粗
直板
魯鈍
粗蠢人
言行村粗
略村粗

鈍繆類

卑汚
行止壞
不長進
無體統
沒要緊
婆氣人
嗇吝下賤
猥瑣
輕挑
卑瑣
小算人
沒出息
總不成器
漢語同上
不成器
猥鄙
行醜事的
賤惡瞞人
卑鄙
沒見過時面
沒見時面
瑣瑣氣氣
冗雜

洗漱類

一味執繆
執繆
執繆人
言動粗魯
舉止粗糙
粗糙
漢人氣
屯頭
慷貨
粗率
舉止粗魯

固執人
齊推辭
略推辭
推辭
善推辭的
言語執紐
執謬
强嘴
强嘴人
扭彆
繆到底

悖謬
不隨和
不在行
沒眼色
翻賴
執定
只管
難纏
拘滯
拘泥
固執

乾
略乾燥
乾燥
晒着
晒
使乾
烤着
烤
使晒着

乾燥類

使浸渧
浸渧
使蘸水
蘸水
去洗濯
使洗濯
洗濯
洗

擠水
擠
刷
使洗淨
洗淨
使洗漱
洗漱
漱

小灰水
染青
染青水
漿
糨粉
使擰水
擰水
使擠水

蒙文書社出版

浸透

淋透

濕透了

使濕

水濕

微濕

濕

使潮

發潮

潮

使脹

脹

使[illegible]

[illegible]

蔭開

蔭

使潤

潤

使滲

滲

物潮熱

濕潮類

晾劈柴

使彌晒

彌晒

使烤着

使風乾

風乾

使微乾

微乾

弓已乾透

弓乾

嚮乾

（濕潮類）

致屈
屈抽
屈
使撙
撙
使折疊
折疊
略抽縱
使抽縱
抽縱

舒展
一頭翹了
一頭翹起
兩頭翹了
兩頭翹起
皺了
皺
灣了
灣
絲縱了

展開
舒坦
單開
已伸
使打開
打開
致伸
伸放
略伸
伸
致舒展

● 抽展類

蔭大
蔭大了
滲漏

儘情

普裏

衆人往來

一齊

齊

實落

統共

共

普

俱

全

屢屢的

只管

再三

儘着

畢竟

到底

都是

盡

普偏

有的沒的

一概

樣樣

所有

一切

再四再四的

再三再三的

本

常常

常

必定

常常的

連綿

● 完全類

比你

在你

你的

你

是我的

把我

比我

在我

我的

我

漢語同上

各自各自的

是我們的

把我們

比我們

在我們

我們的

我們

是你的

把你

是你們的

把你們

比們的

在你們

你們的

你們

各人各人

● 爾我類

樣數

各樣

物件

誰	這些人	是人家的
是他們的	是咱們的	是他人的
把他們	咱們	他人
比他們	把那個	外人
在他們	比那個	是別人的
他們的	向那個	別人
他們	諸凡	那個人的
是他的	那個	那個
把他	是誰的	[illegible]人的
比他	把誰	[illegible]個
在他	比誰	[illegible]些人的
他的	向誰	[illegible]們
他	誰呀	這[illegible]人的

如何

漢語同上

彼此相左

漢語同上

未見怎麽樣

無動靜

無踪影

無信息

不勝

驚訝

惟恐口氣

何處

未必

怎麽樣哩

能怎樣

無論怎麽罷

怎麽處

豈不

因甚麽

有甚麽

該當

不甚相干

有甚麽

値甚麽

做甚麽

何必

豈敢

怎能得

動不動的

設若

倘若

作甚麽的

從何處

蒙文書社出版

從此
以此
這哩呢
想話的口氣
正是
益發
因此
彀得着
有趣
何其
與其
尋常
有甚要緊

不由的
或有一時
或者
或
至足
這一次
一順兒
可畏的口氣
反倒
漢語同上
足以彀了
幾幾乎
幾乎

一連
一同
略往這裏些
往這裡些
背後
這樣的
這樣
走了樣了
這們那們
這些
總說了罷
儘著
總得

雖則

喚小狗聲

驚訝聲

設若

因爲

若是

使令詞

已然詞

將機就機

左右是左右

自然

懊悔口氣

可惡

雖然

每每的

全然

不必

這裏

恐其亂來

亂來

何等

無影響

沒依從

依從了

不可

輕笑人詞

遇着

湊巧

往這裏些

如此

頓然

尚未

徒然

隨聲附和

漢語同上

漢語同上

不得已

並不能

這裏的

漢子樣
因由
業已完口氣
怒急
甚易
算計人數的口氣
盡是
麼字口氣
的
將就
呢字口氣
將就着
愈加

處處
各處的
向
處
將此
不妨
向別處
尚且
妨礙
但只口氣
確然
各樣
是个漢子

所有
想是有
來着
若有
有
現成
把
無用
需用
只是
罷呀
巴不得一聲
撈着

承上接下口氣
已說的
已說了
雖說
已說來盡意
說是
已說
若說
語助口氣
執掌
不知
接上文口氣
雖則

有干涉的
無干涉
干涉
就是那個
每
罷了
且住
暫且
邊沿
湊趣
進一步得一步
一心
說的口氣

由
承上起下
那樣的
那樣
要把柄
極
相對
盡其所能
今已足了
現且
從彼
既然
那裏

一回
斷絕
無了期
原來
以外
往那邊些
所以
景致
彼處的
彼處
每個
分開
粧體面

靜悄悄
靜悄
悄然
任意
任憑
從來
純是
碎雜
一次
枉然
誠然
至狠
到那時

果然
那個
正然
七大八小
可憐意
暗暗的
爭取
牙關勁
動不動的
適纔
將纔
爲
突出貌

佛背光
傘蓋頂幔
佛龕
神仙
菩薩
佛

舞梁杆
旂杆
塔
佛經
佛藏
像

昆盧帽
五佛冠
把蓮
神幡
香盒
香筒

佛類

又
粗粗草草
怎麼說
不定
果然了

耍笑鼻翅動
個數
不言不語
女人行景
旁岔

胡亂
替
至當
閃爍

坐禪
受戒
戒
念咒
咒
蒲團
漢語同上
度牒
道袍
衲頭
九環錫杖
鉢
偏衫

燻壇
化緣
布施
放的禽獸
捨
戒
齋
持齋
喫齋人
漢語同上
問訊
坐靜
禪定

施食臺
壇場
道場
墜鈴
掛錢
阡張
會
求籤
開光
戒食
放施食

● 神類

上帝

痘疹神

獵神

神

五立媽媽

山路神

神祇

竈君

留謝儀

太社

閻羅

法臺

太稷

神武

符

天后神

芒神

門神

福神

土地

● 鬼怪類

鬼

旱魃

老女醜鬼

通天鬼

醜鬼

狐魅

醫

使人醫

診脈

● 醫治類

使法術

法術

野神

野鬼

餓鬼

鬼祟

鬼火

妖怪

怪

邪魅

奇怪

怪物

怪異

不受享

神鬼見怪

作祟

鬼魂附體

鬼魂

使狐魅

作怪

消滅

忌諱

忌較大

忌較

不祥兆

怪徵

漢語同上

海市蜃樓

山戲

偏方
藥方
靈丹妙藥
靈丹
檳榔
牛黃
錠子藥
膏子藥
膏藥
用藥
藥
使醫治
醫治

送紙
剪命索
剪紙人
叫魂
潑水收驚
包米收驚
使下針
下針
針
刮沙
拔火罐
灸艾子
一服藥

使會膿
使夾梱折傷
夾梱折傷
剖活牲胸膛熨傷
燒柳汁熨傷處
鹽烙患處
圓光
安宅
跳神送祟
送祟
剪紙送祟
念誦
祝贊

賭賽

替攩

使打賭

打賭

使决勝負

决勝負

比較

使賭賽

漢語同上

投壺

使撈本

撈本

賭戲類

按摩

揉

使抖跌昏迷人

抖跌昏迷人

使擠膿

擠膿

刺放膿血

活了

醒過來了

轉過來了

救治

抓

捋疼手

雙手搥背

全愈了

好了

鬆快了

扎掙

得了汗

纔好些

聯生碁　碁盤　骰子

大碁　象棋　雙陸

戲具類

打剪子股　淨手錢　賭快走

踢毽兒　挑針兒　洗牌

打噶噶　彈針兒輳兒　輸淨

搶行頭　接馬兒　使攛馬兒

使踢行頭　末家　半不到

踢行頭　二家　打遠馬兒

押賽　頭家　打背式骨

諢拳　使撂馬兒　彈背式骨

搖會　撂馬兒　會場子

背式骨

磨的光馬兒

各站下馬兒

銅錫餅子

銅錫馬兒

鉛馬兒

抽頭

頭錢

椿

馬吊牌

紙牌

骨牌

花筒

爆熗

盒子燈

烟火

直立背式骨

背式骨側立

斜立背式骨

輚兒

針兒

稍兒

背兒

猪背式骨

鹿半背式骨

椛上鞦韆

忽悠悠

打鞦韆

鞦韆

風箏

毽兒

托羅

毬

皮墊子

行頭

盒子燈架子

金臺銀牒

節花

302

打柁上鍬韆　盆景　九連環

跳擺繩　套頭　鐵馬兒

城郭類

國　省　千斤棧

外國　部落　哨樓

通國　城　吊橋

京　城垛口　城頭流水洞

京城　城頭站板　城頭把沿石

都城　踏垛　關廂

皇城　城甕圈　教場

紫禁城　城門洞　墩臺

下馬牌　將軍石　土堡

斜路	中伙處	岔路口
棧道	宿處	街
御道	里數	車轍
路	程途	打中伙

街道類

邊	柳條邊	籍貫
咽喉處	鄰	黨
口子	界牌	鄉村
隘口	交界	下屯處
關	漢語同上	莊屯
山寨	盡邊	馳驛
營房	疆	驛

亭式殿宮

殿

寶坐

宮殿類

閘板

閘

涵橋

橋洞

橋

渡口

柵欄

牌樓

市

轉彎處

近處

稍近

近

遠方

略遠

遠

泥傍小路

脚踏石

獨木橋

浮橋

半途

沿途

遠的極遠

遠遠了

相隔

路不覺遠

路覺遠

曲彎

彎子

抄道

圜丘
皇祇室
皇穹宇
壇

昭
神牌
祠堂
方澤

廟
神厨
神庫
穆

壇廟類

斜廊
匾額
九重
城樓
樓
閣
坐位

品級山
丹墀
甬路
丹陛
簷網
飛簷
朝房

行宮
擎天柱
鉋釘
獸面
翼門
正門

部院　衙門　三法司

● 部院類

獸頭
吻
通脊
漢語同上
廡坐
漢語同上
抱厦
禪院
禪室
禪堂

姜礤
階級
臺階
欄杆頭
欄杆
月臺
漢語同上
槅扇
天花板
翹椽

簰子
散水
天溝
博縫板
天窓
八字墻
坎墻
影壁
屏門
垂帶

厰

倉

庫

學

館

甲

科房

署

司

廳

堂

道

科

票簽處

典籍廳

內閣

經歷司

右司

左司

宗人府

所

衛

坊

兵馬司

氣筒

局廠

議政處

軍機處

批本處

奏事處

中書科

皇史宬

誥勅房

稽察房

蒙古堂

漢本堂

滿本堂

漢檔房

滿檔房

清吏司驗封

清吏司稽勳

清吏司考功

文選清吏司

吏部

內繙書房

尚書房

南書房

稽察欽奉上諭事件處

錢法堂

三庫檔房

八旗現審處

俸餉處

捐納房

井田科

清吏司江南

戶部

火房

督催所

稽俸廳

司務廳

本房

清吏司精膳

清吏司主客

清吏司祠祭

清吏司儀制

禮部

太通橋監督衙門

坐糧廳衙門

總督倉場衙門

寶泉局

武庫清吏司

車駕清吏司

職方清吏司

武選清吏司

兵部

和聲署

樂部

行人司

鑄印局

提牢廳

總辦秋審處

當月司

督捕清吏司

奉天清吏司

刑部

報房

塘務廳

館所

密本房

理藩院

街道廳

寶源局

料估所

屯田清吏司

都水清吏司

虞衡清吏司

營繕清吏司

工部

司獄廳

吏科

都事廳

都察院

清吏司理刑

徠遠清吏司

典屬清吏司

柔遠清吏司

王會清吏司

清吏司旗籍

寺丞廳

太常寺

大理寺

鼓廳衙門

通政使司

兵馬司中城

中城察院

京畿道

工科

刑科

兵科

禮科

戶科

主簿廳

太僕寺

掌醢署

良醞署

珍饈署

大官署

光祿寺

犧牲所

祠祭署

神樂署

典簿廳

博士廳

敬一亭
御書樓
辦照處
繩愆廳
彝倫堂
國子監
司經局
春坊
詹事府
起居注衙門
待詔廳
翰林院

靈臺
觀象臺
相距科
漏刻科
天文科
時憲科
司書廳
五官廳
欽天監
鴻臚寺
箭亭

慶豐司
監造花爆處
營造司
愼刑司
都虞司
掌儀司
會計司
廣儲司
內務府
太醫院
晷影堂
壺室

管理三旗銀兩莊頭處

養狗處

養鷹處

上虞備用處

武備院

稻田廠

奉宸苑

上駟院

造辦處養心殿

中正殿念經處

御書處

武英殿修書處

織染局

內府三旗護軍營

內府三旗驍騎營

番役處管轄

掌關防管理內管領處

鑾輿司

旂手衛

馴象所

鑾儀衛

清茶房

茶房

外膳房

內膳房

總管御膳房茶房處

御藥房

輿圖房

玻璃廠

領侍衛內大臣處

班劍司

戈戟司

斧鉞司

扇手司

旛幢司

旌節司

弓矢司

擎蓋司

馴馬司

健銳營衙門

火器營衙門

領護軍統領衙門

領前鋒統領衙門

都統衙門

值年旗衙門

巡捕三營統領衙門

提督九門步軍

盛京三陵掌關防衙門

總管衙門

東陵工部

奉祠禮部

內關防衙門

東陵內務府總管衙門

總檔房

東陵承辦事務衙門

肅紀左司
驛站監督衙門
中江稅務監督衙門
內倉監督衙門
牛馬稅務監督衙門
草廠
農田司
糧儲司
經會司
盛京戶部
辦參局

龍門
磚門
貢院
學院
學政衙門
茶馬房
分司
宣課司
理事廳
捕盜廳
清軍廳
織造府

角樓
供給所
對讀所
謄錄所
彌封所
收掌所
十八房
聚奎堂
至公堂
西文場
東文場
明遠樓
號房

會典館

方略館

國史館

玉牒館

批驗鹽引所

巡鹽司

遞運所

河廳

河泊所

水利廳

盤糧廳

糧廳

會同四譯館

庶常館教習

統志館

志書館

禮器館

三禮館

三通館

經咒館

篆字館

則例館

律例館

咸安宮官學

幼官學

覺羅學

宗室學

官學

太學

俄羅斯文館

俄羅斯館

琉球館

高麗館

文頴館

功臣館

南新倉
祿米倉
內倉
洙泗書院
尼山書院
聖澤書院
義學
儒學
陰陽學
算學
唐古特學
回子學
景山官學

傢伙倉
爈倉
官三倉
本裕倉
儲濟倉
裕豐倉
萬安倉
太平倉
北新倉
海運倉
興平倉
富新倉
舊太倉

內庫
軍需庫
節愼庫
製造庫
贓罰庫
供用庫
西十庫
顏料庫
緞疋庫
銀庫
常平倉
木倉
豐益倉

照房
耳房
露頂
廂房
正房
房間
房舍
產
房

穿堂
遊廊
轉角房
斜房
倉房
庫房
奥
明間
門面房

山柁
托樑
柁
軒
戲臺
平臺
草團瓢
團瓢
過道

● 室家類

恩賞銀庫
火藥庫

內駕庫
官房租庫

廩給銀庫
外駕庫

瓦口
連簷
簷椽
椽子
頂隔
檁子
中樑
插八樑
斜頂中樑木
排山柱
掛柱
斗拱
柱

便門
角門
院門
房門
廊
簷
蓋瓦隴
瓦隴溝
柳條笆
房頂
房脊
臺階
望板

門簪
過木
門閂
窗上橫鑲
轉軸
門下鑲
門上鑲
門枕木
門檻
門窗檻框
一扇
風門
垂花門

護窗欄子
簾架
窗戶臺
暖閣
漢語同上
落地明
窗隔子
替窗
推窗
月窗
斜隔子窗
窗
魚腮板

筍空
筍子
小合葉
合葉
釘吊
鐵老鸛嘴
挺鈎
漢語同上
鐵鈎搭
窗橫欞
窗豎欞
邊框
不開的窗

炕沿
炕裏邊
光炕
炕洞
彎子炕
地炕
炕
窗下坎牆
簷牆
山牆氣眼
簿縫
山牆
地腳

燻架

鍋臺

爐條

爐坑

竈坑

竈幫

竈臉

竈嗓

竈堂

竈門

地平

屋內地

牌插

整木欄

籬笆柵

木柵子

迴欄竪柱

牆圈

響牆

牆

甬路

院

煙洞

糠燈洞子

暗樓

盌架

窨

石鼓墩

馬台石

石墩

隔漏

樺皮房

花洞子

花窨子

山牆開門房

地

土窰子

掛泥草

荆笆牆

敞院子

使裂開
裂開
使大開着
大開着
大開
捲簾
展開
使開
開

堵塞
合縫
使合
合
門走扇
使掩門
掩門
使閉
閉

下錢糧
使鎖住
鎖住
使插門
插門
使封
封
封條
使堵塞

開閉類

大溝
水溝

彎曲處
幽僻處

隱僻處
遮僻處

一順歪

使歪

歪

直溜

出溜

物忽落下

從高處轅下

放倒

從上吊下

使倒

倒

彎

彎曲

使叩着

叩着

歪斜

使歪着

歪着

使偏

偏

傾

使一順歪

擎

使靠着

使支着

支着

支

坍塌

使歪倒

歪倒

斜排着

使斜着

斜着

蒙文書社出版

稻畦	地界	熟田
園	地邊	荒地
香火地	地頭	薄地
井田	溝	壯地
公田	壟	苗不全處
耤田	塊數	未割淨地
畎畝	場院	新開地
田地	畦子	未開墾地

田地類

撥正着	端直着	
撥正	端直	翻過來
擎着	使撥正	使端直

開壠
使耙地
耙地
使耕
耕
齊開墾
去開墾
使開墾
開墾

夥種
糞土
一具
齊種
去種
使種
種
齊開壠
使開壠

苗拱土
齊栽
使栽
栽
隔壠種
齊下種
去下種
下種
籽粒

農工類

一繩
廢田

一晌
一畝

一頃
一個漢子

使耘草
耘草
秧子
根發芽
根芽
長出
發生了
發生
萌芽
土內發芽
發芽
芽
苗拱出土

長成了
長成
長足
長
使人手拔草
手拔草
齊培苗
使培苗
培苗
齊分苗
使分苗
分苗
齊耘草

二楂苗
滿滿垂下
往下垂着
穗子下垂
熟
穗子秀齊
結子
開花
秀穗
穗子
作粒
打包
挑旗

犂身
犂枚

犂挽鈎
犂薦

犂鏵
犂鏡

◉ 農器類

黑疸
稔頭
生膩蟲
黃疸
生莠
田荒
結豆角
豆角
生二楂苗

使軋場
軋場
使打場
打場
打
攤開晒
散晒
晒蔫
不發生

穀紐
晚穀
早穀
穀楂子
平收
收成
颺場

爬子
木叉
連耞齒
連耞
鐮刀
鋤頭
闊東鋤
墩轂轤
輥子木
耬斗
青箱
耙
澇頭

碓窩
石碓嘴
石鐵臼子
碓
杵
曹碾臺
碾臺
溜軸
碾子
大水磨
水磨
磨
枴磨子

草人
轆轤
烏龍
水車
大水車
扇車
篩籮
簸箕
荊囤
碾桿木
夾碓木鐏
登碓扶手

收 · 使收 · 收攬

● 收藏類

揀種 · 爬拉草 · 攤芟草

一齊掐取 · 使拔草 · 芟茅草

使掐取 · 拔草 · 使摟草

掐取 · 拔 · 摟草

掐 · 一齊採 · 齊爬草

一齊割 · 使採 · 爬草

使割 · 採 · 使爬草

割 · 漢語同上 · 使爬拉草

● 割採類

330

擡着呢

使擡

擡着

擡

背

攙着呢

攙着

攙

一負

背負

背着呢

背着

扛擡類

使揣

揣着

馬上撿物

撿起

撿收

使收撿

收撿

使湊

湊

盛

收貯

使兜

兜着

袖物

積蓄了

使積蓄

積蓄

積下的

積

積衆

使碓擣

碓擣

使磨

磨

擣米

捶乾物

使石臼擣

石臼擣

使碾粗皮

碾粗皮

使串米

串米

碾磨類

扛着

扛

夾着

手提溜着

斜背

手捧

背負着呢

兩人擡着

兩人擡

挑着呢

挑着

一人挑

扛着呢

使扛

頂着呢

使頂着

頂着

頂

往上起

使兩人擡

摻豆麵
搓餑餑條
灑白麵
使研碎
研碎
使趕麵
趕麵

調和
合
摻和
雜
摻雜
摻上
摻

亂攪和
只管拌
使拌上
拌上
拌
使摻拌
摻拌

趕拌類

拐磨磨物
簸碎米
使簸
簸

使磨麵
磨麵
碾米
使拐磨磨物

重篩
篩
磨蕎麥麵

秫稭攢
使堆
堆
使捆
捆
捆子
捆把
把子

硌
一硌
劈柴
堆木垛
木垛
垛草
草垛
攢立秫稭

重垛上
隔着放
錯雜放物
堆長垛
長垛
堆糧
一堆
捆穀立曬

◉ 捆堆類

和
攪拌
攪

揣麵
使和麵
和麵

發麵

去買
使買
買
興
販賣
做買賣
使做生意
做生意
生意

白契
紅契
文約
合同
齊賣
來賣
使賣
賣
齊買

賤
貴
價值
吆喝
一夥
合夥
會票
契尾
契根

● 貿易類

支架着
支架

支翹着
支翹

擱着

貼頭
相稱
恰相當的
相當
價很落
價落了
使相昂
價昂
使價值相等
價值相等
相等
估價
值

便宜
使得便宜
得便宜
工錢
賬目
租
租子
使倒椿
倒椿
舊物回贖
使兌換
兌換
賒

幌子
做房
店房
舖面
致于失利
失利
有利的
利

336

● 衡量類

桿子
鉈
天平
盤纍
盤
星
戥子
石
鈞
鑑
稱

柳斗
板斗
金斗
斛
祖斛
倉石
大石
算盤
夾剪
錢比子
法馬

秤稱
探筒
米盪子
米漏子
粟
圭
抄
撮
勺
合
升

漁獵

行漁獵

使行漁獵

打牲類

分

錢

兩

斤

量

掂估輕重

天平兌

使用戥稱

戥子稱

使用秤稱

渺

埃

塵

沙

纖

微

忽

絲

毫

釐

尖量

盛實着

漂輕

輕

重

低些

低

高些

高

漢

下夾子
使下網套
上網套
夜間放犬捕牲
狗嗅尋牲
襲捕禽獸
使哄虎
哄虎
使放犬捉牲
放犬捉牲
使打牲
打牲
雨後高處行獵

使⿱竹光網中魚
⿱竹光網中魚
使撈魚
撈魚
打魚
下攔河網
凡物漏網
打住又脫落
恰好打住
打住了
支打牲器
打鵪鶉
使下夾子

不攪牲
攪牲
魚上餌
釣魚
攪水噞魚
擊水趕魚
罩魚
下趕網
使大網打魚
大網打魚

細絲粘網
撻網
旋網
把網
袖網
順水網
尖網
攔河網
大圍網
網

網眼
網邊
網邊繩
旋網頂繩
網杆總繩
網杆
脚船
魚篼子
罾網
篼網
黏網

釣魚竿
魚叉
織網邊
穿網繩
織網樣木
織網線軸
網稀
網密
網墜子
網脚子
漂兒

打魚嘴撐
跑鈎漂兒
跑鈎子
魚梁
攔魚簰子
籠
魚罩
倒鬚鈎
鈎尖
掛鈎
釣魚食
釣魚鈎
釣魚線

野雞網
鷹網
捕蟹誘子
毒魚藥
漢語同上
擲石擊冰震小
椎冰震小魚
敲氷打魚
鑿冰插魚
下大叉鈎
點火把叉魚
釘樁下回網
叉魚下木亮子

打鵰的水囮子
苗子
鳥媒子
黏子
黏杆子
吹筒
串籠
射鵰的窖
打鶬雁的套子
拉野鴉網
拉雀網
頂網
咳網

打野雞的脚套子
打野雞的活套子
漢語同上
打雀鳥馬尾套子
打鵰的套子
夾子支棍
夾子舌
夾子腮
夾子嘴
夾子弓
夾子
打禽鳥的套子
打鶏鷹的囮子

打獾貂的木墩
漢語同上
打猞猁猻的套子
打狐狸的套子
打騷鼠的器
兎網
跳兎網
打獸的套子
地弩
犁刀
滾籠
跌包
打樹上的雀套子

倒吸哨子
口哨子
漢語同上
鹿哨子
鹿套頭
肉絡子
打騷鼠的弸子
打貂鼠銀鼠的壓木
打騷鼠的箅子
打獾的木筩子

蒙文書社出版

工匠器用類

小鎚子
折鎚
鎚子
鐵磋
鉗子
鐵砧子
鐵榔頭
銀模子
銀罐子
風箱
爐

小斧子
斧子
彎鋛子
小鋛子
鋛子
推鉋
小鋸
鋸
帽子窩
釘帽子
銃子

刻刀
鏇牀
鑽弓
鑽
墨斗
墨線
馬牙磋
木磋
銅鏨
鏨子
兩刃斧

烙鐵
頂鍼
三楞鍼
鍼
剪軸
剪子
鏢棍
鏢鍋
箭剔子
裁刀
劆刀
剔剪刀
彎刀

尖鏟頭
鏟頭
鐵鍪
夯
硪
抹子
瓦刀
楦頭
熟皮木鍘刀
刮皮鉋子
環錐
錐子
砑刀

雨點釘
椿橛
乂子
蜈蚣梯
梯子
脚手
漢語同上
天秤
千斤
冰鑹
鐵鑹
木掀
鍬鐝鏟

精金	成色金	元寶
金	潮金	潮銀
貨財	桒金	成色銀
寶貝	葉子金	銀

◉ 貨財類

規	熨斗	鐵渣子
鐵箍	綱軋子	錫刀布
鍋子	軋子	小銅鼓子
釘料	水平	鐵釘
掛釘	圭	鐵鎚
蘑菰釘	梟	擂鉢
棗核釘	矩	棒錘

珍珠
東珠
用度
纍絲
錢串
漢語同上
一串錢
一卯錢
沙板錢
母錢
祖錢
錢
錁子

綠松石
青金石
珊瑚
金鋼石
金鋼鑽
[石果]子
猫睛
映紅
映青
寶石
紋貝
玉
竹珠

磁
璃瑠
琺瑯
玻瓈
硝子石
水晶
寶沙
密蠟
瑪瑙
砠碼碌
車磲
碧璽璽
琥珀

白銅
黃銅
紅銅
水銀
蛤粉
螺鈿
玳瑁
菩提子
赭石
青坩上
咱兒呢土
定元子
釉子

銀硃
水錫箔
羊皮金
飛金
泥金
熟鐵
鐵
鋼條
鋼
鉛
錫
響銅
青銅

槐子
松香
松花碌
梅花青
瀝青
石青
靛花青
密陀僧
明黃
雄黃
箭頭砂
兎腦砂
硃砂

天燈
海燈
燈
炭餅
爆炭
炭
煤
無燄火
火

滿堂紅燈
盤香燈
料絲燈
鰲山燈
魷燈
慶成燈
燈聯
萬壽燈
朝燈

燈籠
蠟燈
望燈
戮燈
手把燈
橄欖燈
欄杆燈
河燈
廟兒燈

● 烟火類

礦
硝
蠟
硇砂
礬

引火木片
引柴
油松亮子
火把
取燈
撚子
燈兒
油燈盞
糠燈架子
糠燈
剪蠟礶
蠟剪
蠟臺

火着
打火
火石
火茸
火燫
風筒
藪澤荒爐
煨燒凍地
荒火
陰夜路火
堆火
狼烟
烟墩烽火

烤火
使旺
火旺
使燒着
火燒着
火起聲
火着起
火着聲
火燄忽起
火忽着
使吹火
吹火
點火

緞	整疋	龍緞

● 布帛類

熰烟	不起火	火星兒
燻蚊烟	灰燼	鍋煤
煙	火燒過處	焦烟釉子
被火燄燻燎	使滅	炕洞烟釉
冒火燄	滅	炕洞煤
火燄	烟洞倒風	弔塌灰
使焚燒	燻狐穴器	燄頭飛煤
焚燒	燻	灰
燒	燻着	
烤物	烟氣爆繞	

烟氣燎繞

碎花閃
閃緞
百花粧緞
大花粧緞
火燄龍粧緞
粧緞
行龍粧緞
寸蟒緞
蟒襴
小團龍粧緞
蟒緞
鑲邊龍緞
滿地風霤龍緞

金字緞
暗補緞
補緞
錦
漳絨
天鵝絨
剪絨
花倭緞
倭緞
銷金緞
扁金素片金
圓金素片金
片金

金線緞
漢語同上
線緞
通海緞
嗶嘰緞
羽緞
新樣花緞
三則緞
帽緞
石青素緞
青素緞
西番字緞
字緞

- 補寧紬
- 蟒寧紬
- 龍寧紬
- 寧紬
- 官紬
- 紬
- 八絲緞
- 五絲緞
- 彭緞
- 洋緞
- 繭緞
- 雲緞
- 羅緞

- 繭紬
- 小潞紬
- 大潞紬
- 綿紬
- 溫紬
- 納紬
- 素春紬
- 花春紬
- 春紬
- 平地縐
- 縐紬
- 通海紬
- 線紬

- 紗
- 畫絹
- 屯絹
- 女兒絹
- 杭絹
- 生絹
- 絹
- 生綾
- 綾子
- 素紡絲
- 花紡絲
- 紡絲
- 牛郎紬

帳紗
銀條紗
字紗
官用紗
春紗
芝蔴漏地紗
直漏地紗
實地紗
硬紗
補紗
粧紗
蟒紗
龍紗

膠花春布
葛布
毯子
氆氌
羊絨
羜絨
夾道子
褐子
猩猩氈
哆囉呢
羅
葛紗
羽紗

印花布
花葛布
漢語同上
西洋布
高麗布
富麗夏布
春布
洗白
夏布
草葛
單料葛
雙料葛
祁陽葛

◉ 絨棉類

搭連布
油敦布
白漂布
漢語同上
藍扣布
油紅青布
毛青布
佛頭青布
翠藍布
布
冷布

粗
密實
絨頭
紬緞邊子
機頭
染記
灣子
布帛副子
粗布
三線布
細藍布

隔背
補丁塊
補丁條
補刀
布帛檔子
線緊起格搭
骨立
厚密
蔫軟
舒展
綃薄

彩色	葵黃	杏黃
顏色	黃	金黃色

● 采色類

線麻	整纘	抽紕子
棉花	線軸	劈繩線
綿子	一縷線	理亂絲
珠兒線	紉頭	絨麻攙混
線	野麻	絨散
金線	絭麻	絨亂
絨	苧麻	麻絮
生絲	黑麻皮	線頭
絲	練麻	一紵麻

粉紅
銀紅
水紅
魚紅
紅
焦黃
黃黃的
微黃
沉香色
秋香色
黃香色
柿黃
薑黃

微白
白
藕荷色
青蓮紫
棕色
醬色
玫瑰紫
紫
石青
天青
紅青
桃紅
火燄紅

沙綠
豆綠
水綠
松綠
蘋菓綠
鸚哥綠
綠
月白
甚白
略白
雪白
微帶白
淡白

蒙文書社出版

米色
翠藍
淺藍
藍
微青
青
烏黑
墨色
淡黑
微黑
黑
瓜皮綠
油綠

素
色暗
略湼
色湼
略淺
淺
深
茄花色
雁絨色
駝色
古銅色
灰色
牙色

放光
光輝閃閃
光彩
燦爛
綠色鮮明
斑斕
華麗
花
有花的
色變了
不鮮亮
顏色淡
純色

捽
砣落打線
捻線
捻
撣棉花
撣
使紡
紡線
紡

◉ 紡織類

耀眼爭光
光彩爛漫

上線板
使繞絲
繞絲
練絲
絲團子
絲紆子
線接頭
績麻
捽繩
光華
好看

打格搭
使打綵子
打綵子
使織
織
理橫絲
理豎絲
纉線
使上線板
鮮亮

算盤格搭帽

冠

緣邊

護耳帽

寬沿帽

舒沿小帽

冠帽類

機軸頭

機

線力鬆

線力緊

使抄紙

抄紙

使捍氈子

捍氈子

使打格搭

線砣落

縱線籰子

梭

線綹子

篋匣

竹篋

轂棍

撥經的木刀

機上經桿

線纊子

纆線的板子

籰子轂木

纊車的籰子

纊車

裹定桿蘆管

定桿

紡車

（冠帽類）

帽內提繫
提繫
帽月
菊花頂
雨纓
綫纓
帽纓
帽沿
帽圈
帽胎
草帽
毡帽
涼帽

漢語同上
帽頂托盤
頂子
金花
金佛頭
遮蚊蠓臉罩子
婦人遮臉罩子
女涼帽帷子
風領
女腦包
皮馬虎
帽攀帶
漢語同上

墜角寶蓋
墜角
記念
背雲縧繫
背雲
佛塔
佛臍
佛肩
佛頭
數珠子
數珠
翎管
螺螄轉

皮端罩	棉袍	厚棉襖
蟒袍	無開騎袍	襯衣
補褂	褂	襖
扇肩	袍	布衫
貂鑲朝衣	捏摺女朝衣	緊身
朝衣	捏摺女朝褂	女砍肩褂
朝服	女朝衣	齊肩短褂
服	女齊肩朝褂	馬褂
衣	無扇肩朝衣	葛布短袍衫

● 衣服類

記念套環	瑠璃數珠	
背雲寶蓋	瓔珞垂珠	

褲
女裙
男裙
魚皮衣
野獸皮馬褂
去毛鹿皮衣
鹿麑破裘
稀毛皮襖
皮襖
綿衣
袷衣
單衣
幔頭套

帽罩
簑衣
雨衣
毡褂
斗蓬
護肩
兜兜
領衣
女圍腰
男戰腰
無毛皮褲
厚棉褲
女裏衣

袖口
烙的袖椿
袖
皮衣料
皮襖下邊裏子
皮襖面
衣裏
衣面
圍脖
領子
眉子
漢語同上
鑲的領袖

裾褲腰
褲帶
褲襠縫
褲襠
衣貼襯
衣襟角
開騎
紋子
衣前襟 衣邊
底襟
大襟
套袖
袖根

衣兩邊短翅
摺子
針扎荷苞的牆子
靴襪口上緣的邊
邊內綢的窄片金
緣的窄邊
鑲的寬邊
撩衣扣
鈕扣
鈕襻
鈕鼻
鈕子
小兒褲腰襻帶

衣服可身
靴襪寬大
衣服揪揪着
衣服不隨身
衣服太長
衣襟上捲
衣袖上竄
短促促的
衣帽寬大
衣服窄狹
衣邊搭拉

巾帶類

花布手巾
飄帶手巾
手巾
折舌
帶板
皮蝦蟆
帶圈
空帶
鏇子帶
掐簧帶
朝帶
腰帶

漢語同上
裝火鐮包內小搭連
火鐮包
回頭穗子
帶穗子
抽口的繫子
荷苞繫子
荷苞
花手帕
漢語同上
新樣手帕
手巾束

細帶子
窄縧子
寬縧子
綺的帶子
織的帶子
帶子
寬帶子
汗巾
搭包
針札
解錐
牙簽筒

◉ 靴襪類

靴
尖靴
皂靴
煖靴
皮靴
涉水皮岔褲
長鞦靴
鞦子鞋
矮鞦女鞋
鞋
襪

皮襪頭
套褲
護膝
皮護膝
男裏脚
女裏脚
脚齒
澁脚子
皮澁子
木屐
溜冰的木轄

釘骨釘的木轄
溜冰鞋
綁鞦子鞋的帶子
鞦子鞋的鑁耳
扯靴帶
靴鞦子
靴鞋幫
雲頭
靴主根
靴溜根
沿條

掃雪

漢語同上

黑元狐皮

倭刀

白毛稍黑狐皮

狐皮

猞猁猻

黑貂皮

貂皮

皮毛

鞦板

銀針毛

獺兒皮

臊鼠皮

貉子皮

狼皮

豹皮

水獺皮

銀鼠皮

灰鼠皮

膁皮

獸胸前白毛皮

貂鼠下頦

皮脊子

山羊皮

麥穗子皮

老羊皮

羊羔皮

羊皮

短毛鞦板

● 皮革類

高底

皮牙子

皮掌子

熟

熟皮

使熟皮

熟皮革類

捲毛

碎皮子條

毛稍對齊

毛略薄

毛薄

氊毛

毛略厚

毛厚

天馬皮膁

沙狐膁

野豬皮

豬皮

牛皮

皮

皮子糟了

結成格搭了

桿成氈了

毛勾了

毛搶了

毛倒槍了

毛揉的皮條

皮條

子兒皮

綠斜皮

去毛皮

磨毛

伏天短麢皮

帶毛麢皮

去毛鹿皮

淨面股子皮

股子皮

使穿

穿

衣上加衣

脫三換四

穿皮襖

使加衣

穿脫類

使撏毛

撏毛

荒熟

使揉搓

揉搓

揉

使鍘皮

鍘皮

剃

煺毛

使刮毛

刮毛

使剷皮板

剷皮板

剷

勾爬招毛

皮硝

打毛氈物

楦皮

撐皮

撐

削毛

削

剃毛

蒙文書社出版

鋪

鋪墊

使鋪墊

鋪蓋類

荷苞裏裝

使繫帶

繫帶

使放護耳帽沿

放護耳帽沿

使放帽沿

放帽沿

扣鈕子

反穿

穿皮端罩

摟衣

胯間掖衣

掖衣襟

使掖衣襟

使提衣服

使裹脚

婦人裹脚

使披衣服

披衣服

使裝荷包

赤身

使光着身

光着身

使剝衣服

剝衣服

使脫

脫

敞胸

捲袖子

撩衣襟

蒙文分類辭典（梳粧類）

被當頭
被
涼枕
角枕
枕頭
覆蓋
使幪蓋
幪蓋
使遮蓋
遮蓋
蓋
使枕
枕

氈子
漢語同上
桌幃
椅搭
漢語同上
褥托子
氈墊
靠褥
坐褥
弓棚
帳子
蚊帳
褥

破蓆片
補破蓆
蓆心
蓆邊
蘆蓆
涼蓆
油單
棕毯
羢氈

蒙文書社出版

梳粧類

梳
使梳
篦
使篦
編髮
使編髮
紥頭髮
使紥頭髮
盤髮
使盤髮
首飾

打扮
使打扮
好打扮
項上戴物
使項上戴物
帶
佩帶
使佩帶
佩
戴簪
使戴簪

照鏡
盆水沐浴
漱口
剃頭
整頓
收拾
整理
出色
文采
文飾
有文采

簪子

男子大耳墜

墜子寶蓋

單耳墜

耳墜

耳環

鈿子

額箍

女朝服上掛的金牌

項圈

鬏髻

髮纘

假髮

篦子

木梳

腳鐲

戒指

手鐲

纂絲

鬢釵

香餅

香

麝香

菜子油

豆麪

肥皂

胭脂

撲粉

粉

包頭

● 飾用物件類

俏麗

愛乾淨

婦人髮光潤

剎

三零裁

使裁

裁

使剪

剪

使縫

縫

使截剪

截剪

使刎齊

刎齊

直針串縫

使繃

繃

扎花

使繡

繡

剪縫類

鏡袋

穿衣鏡

鏡

香球

香袋

剔牙杖

刮舌

牙刷

澡盆

洗臉盆

鑷子

耳撚

耳挖

使上底
上靴鞋底
使緝
緝
行㴍
行
壓縫
對方尖縫
對縫
拏摺子
使繑邊
繑邊
使直針串縫

使織補
織補
使補
補
碎[illegible]
[illegible]接
使打結子
漢語同上
打結子
使紉針
紉針
使襀
襀

燾㴍子
烙㴍
熨
使烙
烙
緣朝衣皮邊
使綁面
綁面
鹿尾黃毛線
絹金
絹
橫豎線織補
縫聯

蒙文書社出版

木圈頂
方氈房
圓氈房

氈屋帳房類

緣邊
使實衲
實衲
使衲
衲
錐
使綈
綈

氈頂子
木牆
椽子
平外面舒展
留扎分
寬邊內緣窄片金
出風毛
鑲
使隨灣緣縫
隨灣緣邊
使緣邊

牆帷子
紅氈頂
雲子布罩
夾牙縫
抽口
鎖鞋
上鞦子
綁裏子
夾斜皮
使平外面舒展

使斜包
斜包
一包
使包裹
包裹
包

裹起
裹
包起
使包
包袱
紬布單

使捲揲
捲揲起
捲揲
緊緊的
裹了
使裹

● 包裹類

布涼棚
有牆布涼棚
帳房穿堂
帳房
挑杆子 柱子
氈牆

下處
檔草木
帳房鐝子
支杆
樑

折帳房
支起帳房
支帳房
木架窩舖
窩舖

咯　咯起　使咯

器用類

器　穿丁　箭匣

器皿　皮箱　皮櫃

臥櫃　鞘　樺皮簍

豎櫃　抬箱　衣架

抽屜　匣子　掛物叉子棍

櫃隔子　盒子　糠燈掛子

櫃門銅挑牌　腰子盒　[illegible]牀

鎖　籛絲盒　牀

鎖簧　食盒　大案

鑰匙　套盒　案

杌子
椅子
托泥木
桌邊起線
桌腿
桌撑子
桌牙子
桌面子
八仙桌
漢語同上
抽屉桌
桌
翹頭案

扇骨
扇面子
扇子
遮日傘
油單傘
傘
穿木輴的柱棍
拐子
拐棍
脚踏
板凳
繡墩
踌凳

蓋碗
擋邊碗
大碗
碗
野掃箒
掃箒
笤箒
撣子
蠅箒
麈尾
翎扇
扇墜
扇軸

果叉

箸

銅匙

勺匙

匙子

椰瓢

大木酒盃

大酒盃

小撇碗

半大碗

有把木碗

大木碗

銅碗

腰子壺

執壺

茶酒壺

背壺

茶桶

茶盤

托碟

小菜碟

碟子

木方盤

盤子

螺螄盃

鐘子

銅鋗子

鋗子

掛鍋

小鍋

鑼鍋

大鐵鍋

火鍋

廣鍋

鍋

奠池

酒海

湯飯罐

柿子壺

瓢
托蒸篦子木撐
蒸篦子
籠屜
蒸籠
地鍋坑
行竈
鍋撐
鍋蓋
火壺
鑌子
銚子
鈷子

趕麵杖
木郎頭
案板
薄刀
明流子
木瓢
漏勺
馬勺
肉叉子
醬扒
擦床
笊籬
長把木瓢

酒瓶
罎子
撇口缸
缸
剜挑菜藥簽子
背物架子
頭上頂物圈子
推扒
抹扒
抹布
刷箒
通條
鐵鏇子

火提
脚爐
手爐
頂火
燻籠
烘籠
火盆罩
火盆
小盆子
瓦盆
瓦瓶
長頸瓶
罐子

柳罐
桶樑
把桶
水桶
撇口樺皮桶
樺皮桶
盛酒大木桶
酒漏子
桶子
燒酒溜子
打油榨酒石接盤
整木槽盆
有把槽盆

半大口袋
口袋
梢馬子
搭連
皮包
撥火棍
弔鍋支棍
支棍
木叉子棍
桶箍
擔杖鈎
扁擔
水提

柳箱
蒲包
草囤
蓆囤
筐繩挽扣
繩絡子
指頭套
套兒
套子
梡包
錦囊
小肉袋
小口袋

套笸籮
大笸籮
喂牛筐
油簍
茶紙簍
澄清醬的簍
荆條筐
取油蓆簍
大肚竹筐
提籃
腰子筐
提筐
筐子

火鏡
烟袋
香墩
爐几
香几
把子
器皿邊口
底
蓋
㧯斗
笆斗
針線笸籮
小笸籮

盈虛類

滿其數
直至滿
致滿盈
使滿盈
滿盈
滿

容得
容
已塡滿
至於塡滿
使滿足
滿足

空
使虛着
虛着
虛
口袋鼓彭
容得下

架子
帽架
刷子
癢癢撓
吐沫盒

噴壺
花澆
花囊
花挿
罩子

顯微鏡
千里眼
耳順風
如意

並蒂	使單着	但只
重重	單	獨自
重	單層　惟止	條子
匹配	層	孤
配偶	使重着	奇
使雙着	重着	單物
雙着	雙層	單的
成雙	對手	單着
雙	合倂	

◉ 雙單類

空着	略鬆閑	留空
空空的	鬆閑	留着空

蒙文書社出版

◉ 多寡類

行夥
一羣一羣
成羣
羣
稍衆
衆
多加
略多些
多些
微多
多

數不盡
許多
著實
很
甚
太
那些
這些
一天二地
廣
一夥

略有餘
有餘
稠密
甚多
禽獸多
物繁多
繁盛
很多
物多
物繁盛
物多整齊

增添

添

去添

使增添

加

齊添

增減類

攤擠

已過踰

過踰

使餘剩

餘割

至有餘

富餘

略見使

物見使

短少

稀少

漢語同上連用

將將的

少少的

少

滿

純是

堆簇

少許

能幾何

同上連用

些須

略

稍𣪊

略少些

寥寥無幾

缺少

分	尋	一虎口
一指	仞	使丈量
使量度	丈	丈量
量度	尺	引
制子	寸	雉

● 量度類

損減	使減去	淺淺的
減	減去	盛的淺
多加	缺	一半
齊加	使缺着	很少
使增加	缺着	很缺
增加	使損減	

包褁
人物鮮明
很新鮮東西
見新
新的
略新
新

● 新舊類

[illegible]舊
古蹟
家傳舊物
往舊了去
舊的
舊
起包褁

起瘢
銅鐵綉了
銅鐵綉
髒垢了
髒垢
瘢點
至於[illegible]舊

度量
度
半度
一札

使拿五尺杆量
拿五尺杆量
五尺杆
使度量

打墨線
使繩量
繩量

同類
相似的
相似
彷彿
微同
略同
相同的
相同

相等
等
天然一樣
隨合
漢語同上
不隨合
照樣
同類的

迥然
另樣行
另樣
宗照
比並
相稱
相等
使相等

● 同異類

房屋黴爛
物落色
起了黴

已燻黑
燻黑
至於黴爛

已黑舊
至於黑舊
黑舊

使開廣	小	物碎小
開廣	略小些	細小
容不下	略小的	零碎
略壯大	略小	微小
壯大	略小	很小
略大些	幼小	零星
大些的	小些的	碎小的
略大	小	碎小
大	張大	小些

● 大小類

無涉	干涉
另外	何涉

零散
稀爛破
粉碎
稀破
破裂不齊
破裂
壞
碎
爛
破

回扣
綻裂了
綻裂
磨蹭
破爛 麻花
物脆不堅
破如麻花
襤褸
至於敝壞
敝壞

爛了
處處破爛
片片糟破
衣破下垂
衣破零散
衣破零落
披散開
脫絮了
紬絲脫絮
回了扣

破壞類

物繁碎
物碎雜
漢語同上連用

截斷
斷
使截斷開
截斷開
使脫開
脫開

斷脫類

決快折斷
齊搓折
擻折
斷
擻
使折
折
削
使人劈細枝
劈去細枝
劈細枝
物破自落
修去樹枝
修樹枝
使截齊
截齊
截
使削去
削去

斷折類

成豁口
豁口
破通處
墻豁子
有窟窿
成窟窿

薄處破通
裂璺
裂縫
破透
直透
衣刮破

破成豁口
被壓扁
壓扁
使塌陷
塌陷
薄處穿通

◎ 孔裂類

榫子活動
榫子開了
凡物爆起
繩索磨傷
繩索斷動

繩皮揪斷
裉開
軟物透破
繩扣開了
刀箭裉出

皮條綳斷
繩物斷脫
繩皮齊折斷

剛殼
成套
全的
完全
囫圇

長長的
略長
長
尺寸
身料

方
略短
短
挺長
細長

諸物形狀類

裂開
裂成口
離開
開
使刨豁口
刨豁口

皴裂了
漢語同上連用
骨角皴裂
磁物驚紋
裂開縫
使裂開

破木片子
殘破不齊
龇了
起重皮
重皮

楞角圓了
禿尖
糢糊
磨圓了
口面
略圓
圓
尖
有尖角的
對的尖
有楞的
四楞
有角的

直
泡
鼓彭
宣
略扁
扁
窄陿
窄
寬
略薄
薄
略厚
厚

齊
東西慊
散落
格格搭搭的
咕咕嘟嘟的
骨了
有鈎的
向前彎的
向前彎
彎
斜
不周正
歪

作工	齊作工	使造作
工程	使作工	造作

營造類

秀綹	直樹著	一段
平面	膀脹	殘缺
禿尾	略俯些	無底物
澁拉	略仰些	上扎
粗澁	略收些	緊束
扎眼	撇口子	下綹
滑溜	撇口	疊堆
著實	喇叭嘴	羅鍋腰
略齊	頭大	短粗

塞决類

塡
塞住
塞
粗作
粗糙
細作
細緻
用
料估
配對
齊造作

攔擋着
攔擋
來塡
綃薄 軟弱
粗壯
壯實
堅固
結實
物做咧了
草率作
草率

壅滯
擠住
使攔擋
打號
一齊努力做
一齊趲做
緊做
不動身做
盡力做
好看不堅牢

使拔絲
拔絲
使折打
折打
折

燒紅
煆煉
使鎚打
鎚打
鉗

拉風箱
鑄
鎔化
熟煉
使燒紅

● 折鎚類

使艌補
艌縫
墊補
墊
使塡滿
塡滿

揻
鑹
疏通
放水
淘井
刨

鏢平
刮
使剷
剷
平地面
使揻

398

截斷	加楔劈木	磋
裁斷	削樹枝	鋸
使裁角	剁	使削去
裁角	砍去	削去
削刻	砍	削
刻兒	使劈燒柴	未錛先砍口
使截去	劈燒柴	錛去
截去	截成段	錛
截	使截斷	做卯榫

● 截砍類

使化鐵	淘金	
化鐵	煉熟金	鍋補

鏇做　掠去　剜

鏇　掠　掠的窪處

● 鏇鑽類

使撅成彎　撅　壓翹

撅彎　使折面　壓彎

煨彎　折面　撅成彎鈎

煨　折　使撅折

● 煨折類

鑿　刃刃硼了　不合榫

使鉋　刀刃捲了　合榫

鉋　刀刃平了　鋸鑽夾住

鑲嵌

鍍金

鍍

鏨花

起平花

使刻

刻

拏鐵磋磋

使銃鐵眼

銃鐵眼

刹

雕

安珠寶

使鑲嵌

使釬

釬

釬藥

使拏鐵磋磋

雕刻類

使剜去裏面

剜去裏面

剜裏面

使剜

使錐眼

錐眼

使鑽眼

鑽眼

穿通

使穿透

穿透

磨刀	使磨刀	磨

鏝磨類

糊	使抹	黏糊糊的
糨子	抹	很黏
使用鰾粘	使打褔褙	略黏些
用鰾粘	打褔褙	黏
鰾樺	鞔	至于滿抹
抹鰾	蓋面子	滿抹
刮鰾	使裱糊	粘貼
鰾	裱糊	粘

膠粘類

使打夯
打夯
砌
草根坯
土坯
金磚
磚

划稽
麻刀
和泥的草
鏝墻的灰
和的泥
使築土墻
築土墻

用灰
石灰
使抹墻
抹墻
使抹泥
抹泥
麥麩子

● 砌苫類

使鍚刀
鍚
使磨小刀
磨小刀

使鋥
鋥
使蘸鋼
蘸鋼

使煤炸
煤炸
研亮

遮陽　如意掛鈎　使屏遮

幃幔　流蘇　屏遮

間隔　走水　掛屏

隔子　竹簾　插屏

使隔斷　門簾　圍屏

隔斷　街帳　雨搭

間隔類

苦芽草　花邊瓦　渣子

使鋪望板　折腰瓦　使宸瓦

鋪望板　羅鍋瓦　宸瓦

灌漿　瓶瓦　滴水

使用灰　瓦　勾頭

周繞
使連絡
連絡
連
拴活口
拴上
拴

拴牢着
拴結實
搭拉着
鈎着
懸掛
掛上
接續

盤繞
結繩
使結格搭
結格搭
結
拴的格搭
拴的緊

◉ 斷結類

遮住
遮揜
使遮蔽
遮蔽

夾木柵
夾籬笆
使圍遮
圍遮

軟物垂遮
垂遮
樹木欄
安欄杆

漆水	使染	柞木柠黃
上油	染	靛清
油	重罩漆油	上碾光
桐油	重漆油	染藍
使繪畫	使上漆	使上墨
繪畫	上漆	上墨
畫	漆	染透

● 油畫類

纏	穿繩	煞繩
使纏筋	使拴隔子眼	繩子
纏筋	拴隔子眼	煞住了
使盤繞	纏繞	使穿繩

使揭去瓦
揭去瓦
揭瓦
揭下紙畫
揭樺皮
剖取松子榛仁
剝開
剝
使剖開
剖開
剖

褪脫
褪
使解脫開
解脫開
解脫
使剝取麻皮
剝取麻皮
剝麻皮
使揭開
揭開
揭

解
劈手奪物
拔取
拔
頓
抽取
抽

● 剖解類

使完結 · 完了 · 立刻作完

完結 · 完畢 · 完的快

結 · 完 · 末尾

● 完全類

使打破 · 擘繩線

打破 · 使毀壞 · 使拆縫線

弄碎爛 · 毀壞 · 拆縫線

弄碎 · 扯斷 · 使拆紬布紙子

弄爛 · 使扯爛 · 拆紬布紙子

弄殘壞 · 扯爛 · 使擘繩線

● 殘毀類

雙篷舢船

拖風船

巡船

艍船

烏艚船

貢舫黃快船

趕繒船

膨仔船

船

沙船

樓船

● 船類

定準

有規模了

決然

有頭緒了

竟然

將終

漢語同上

使成全

終局

淨了

成全

使完全

完全了

成

全備

妥當了

漢語同上連用

全

眼下就完

蒙文分類辭典（船類）

岱船
渡船
羅子頭船
搖羅船
巴斗船
槳船
夾板船
兩尖船
巴干船
漲船
鰍船
匾子船
鳥船

頭巾
篷
桅杆
木牌
筏子
快船
刀船
漢語同上
樺皮船
獨木船
瀨子船
三板船
划船

巴邊
䑣艡
鎖袝
馬口
加樑
桅夾
樑脚
樑頭
鹿耳
含檀
舵
船艙
船棚子

蒙文書社出版

横樑木
本身木樑子
坐板
劈水
龍骨
船舷
船艄
船頭
底肋合縫處
船肋
船底
滑車
天凌象鼻

使槳
槳
搖櫓
櫓
使高
挽子
篙
拿舵
雙拐
木椗
鐵錨
招
盤樑

溜處倒拉縴
折檣
跳板
雲篷
篷繩
拉縴
縴板
篙上拐木
槳樁
使棹
棹
使划子
划子

馱轎

墳漆亮轎

活杆亮轎

彩漆亮轎

金漆亭轎

交椅亮轎

亮轎

煖轎

轎

轎車

車

扶手

迎手

靠背

幃子

軟榻

跁山虎

彩亭

車尾

車前後稍檏

車底横檏

車底板

車箱

牛車轅

轎杆車轅

車罩

傍車

● 車轎類

船淺住

船底擦地

逆流上

順流下

纜船

使纜船

轅頭橫木
牛樣子
車輞
輻條
車頭內小圈
車頭
車輪
車頭小檔
車檔
鈎心
車輞
車軸
搭腰皮

推侉車
拉車
趕車
套
擡
拖床
狗拉的爬力
爬力柱上橫樑
牛拉的爬力
標棍
絞桿
揷絞桿木彎
羊角樁

卸車
車誤住
被車顛滉
轎顛滉
轎顛搖
轅輕
轅重
拉套

頭下類
肉
米湯
帶飯米湯
擦的飯糊
臘八粥
黃米飯
稀飯
乾飯
飯
膳

剽下肉塊
打落肉
剝皮帶的肉
横刺的肉
刮骨肉
肚囊
羅截肉
裏脊肉
水肉
槽頭肉
臉子肉

蹄
細連骨
後腿小骨
棒子骨
窟窿骨
前腿小骨
琵琶骨下節
琵琶骨
後腿
前腿上肉
尾骨

蒙文書社出版

414

心肝繫
雜碎
總血管
骨髓
脊髓
腦精骨
牲口前截
胸岔上帶皮肉
胸岔骨
一條
肋
脊骨
附筋骨

厚皮老猪肉
甲掛的野猪肉
浮油
油
臁貼油
胰子
版腸
苦腸
小腸
大腸
花肚
小圓肚
百葉肚

精些的肉
精肉
瘦
略肥
肥
猥鑽
冰鮮
夾冰魚
冰窨凍住的野獸肉
熊肚領
熊頰肉
猪腎包
野猪大腸

捲油燒肝
野獸肉條
生乾肉片
炸魚肉釘
乾雜肉塊
烤乾肉
陰乾肉
風乾肉
晾乾肉
趕乏野獸無味肉
略新鮮
新鮮
五花肉

麵
細粉
豆泥酸菜湯
蛤叶馬羹
羹
湯
狠爛
肉醬
肉膾
肉糜
血腸
炖肉
夾油燒的肉片

肉片
零碎塊
肉塊
一把子肉
廬給
下程
乾糧
行糧
素
葷
掛麵
拉條麵
切麵

倭瓜
瓠子
冬瓜
稍瓜
絲瓜
王瓜
水茄子
茄子
殽饌
菜蔬

白菜
芥菜
芥菜格搭
蔓菁
胡蘿蔔
水蘿蔔
大蘿蔔
蘿蔔
葫蘆
客瓜

葱韭花
黃芽菜
韭菜
芹菜
香菜
蓼芽菜
茼蒿菜
生菜
薺菜
菠菜

● 菜殽類

一長塊
一點子
一段魚

叢生蘑
榆蘑
鷄腿蘑
榛蘑
蘑菇
燕窩
麵觔
豆腐皮
豆腐
豆芽
扁豆
豇豆
薄荷

野蒜
葑菜
漢語同上
野韭菜
小根菜頭
小根菜
芋頭
笋
山藥
木耳
黃花菜
紫菜
麞股蘑

細辛菜
貓脚菜
鼠耳菜
車軲轤菜
柳葉菜
刺兒菜
河白菜
石松菜
小野韭
細野葱
野葱
蔞薹菜
野蒜苗

馬齒菜

莧菜

苦麻兒

曲麻菜

鷄腸菜

沙葱

海帶菜

蕨菜

豌豆葉兒菜

纓花菜

獾尾菜

酸留菜

漢語同上

茗菥菜

萵苣菜

甜醬菜

燕伏菜

貫衆菜

細莖菜

野芹菜

步步連

百合花

百合根 百合

百合

蘩蒿菜

灰條菜

薑

蒜

葱

作料

野刺菜

野鷄膀子菜

筆管菜

雀舌菜

野芥菜

鎗頭菜

酸醬鎗

車前菜

野薺菜

酒稍子	引酵	黃酒糟
沫子燒酒	醲酒	燒酒糟
燒酒	酒釀	麯水
黃酒	奶子酒	酒麯子

茶酒類

石鹽	醎菜梗	使用鹽淹
鹽	醎白菜	用鹽淹
素油	醋	使淹
茴香	醬麯	淹
秦椒	清醬	雜樣乾果食
胡椒	醬	酒菜
花椒	池鹽	醬瓜

大水餶	螺螄餑餑	印子餑餑
葉子餑餑	豆麵子餑餑	炕子餑餑
餑餑	魚兒餑餑	爐食

● 餑餑類

芝蔴茶	擠奶子	暑湯
奶茶	奶皮子	酸水
黑茶	酸奶子	炒麵
清茶	奶子	藕粉
茶	冷熱茶相對	茶湯
酒狠釅	麵茶清	酪
酒淡	茶滷	
酒釅	麵茶	

蒙文分類辭典（餑餑類）

重陽糕
月餅
糉子
元宵
高麗餅
焦餅
甑兒糕
淋漿糕
撒糕
神板上供的餑餑
打糕
油餻子
銅盆糕

扁條
芝麻餅
松餅
光頭餅
印子餅
核桃仁餅
夾餡燒餅
重皮燒餅
餅
軟酥餅
餛飩
扁食
水餃子

鴨蛋炸餻
水餻子
小饊子
紅饊子
白饊子
鷄蛋糕
大麻花
麻花
五櫳
豇豆條
夾餡扁條
光扁條
高麗扁條

用膳　喫飯　用餚饌

飲食類

麵塔兒　豌豆黃　糕塊

餃子　酸棗糕　餡子

搓條餑餑　山查糕　麻糖

豆黏糕　雜果糕　冰糖

合絡　八寶糖　白糖

蕎麥煎餅　糖纏　蜂蜜

煎餅　油麥麵餅子　奶渣子

饅頭　豆黏子　奶餅子

黏糕托子　豆麵子　五色油糕

和的水餾　豆麵剪子股　凍米

奶油糕

讓喫
彀喫
喫了
齊喫
去喫
喫
食
間或喫
噌新
叭嗒嘴噌
細噌滋味
滋味噌
打中伙

啃
齮
嚥
嚼
齩
用筋夾
用匙舀
口含
含
先噌
請噌
給喫
不教喫

嫰
有嚼頭兒
嚼着皮
食物發柴
牙塵
酸物倒牙
怕嚼
吐難吃物
吞
聞味
聞
咂
餂

飽
放陳了
挑揀懶喫
帶喫不喫
食量小
不甚饞
不饞
著嗆
嚥不下去
卡住
噎住
麵淡
水冷

攮食包
搶著滿口喫
滿口含著喫
抓著喫
吞著喫
攮塞
攮塞的多
貪嘴的
甚饞
饞
消化
足
使飽

使
飲
使冰追
冰追
追
涼水投
泡
吃厭煩了
膩住
可膩
喫過餘了
喫的發喘
喫的撐住

略潮
略生
生

飯生硬
飯夾生
飯有米心

熟
使熟
熟

生熟類

抽著喝
喝粥
喝
告乾飲
一氣飲
共飲
給人飲
飲水

有些酒意
酒上涌
貪酒人
使醉
醉
吐出
含著水
食物滑溜

酒醒
清醒
酒糟透了
溺于酒
醉糊塗了
醉的垂了頭

烹着	熬	煉油
烹	扎幾力烹	煎熬

● 烹煎類

成糊	精稀	血定住了
晾的乍牙	略稀	血定住
晾冷	稀	血葷了
冷了	稠濃	凝定了
冷着	稀物稠黏	使凝定
冷	濃	凝定
不冷不熱的	稀黏	冷飯定了皮
溫和	濃稠	使結皮
熱溫	黏	結皮

使烤

烤

魚燒半熟

肉魚烘乾

燒炙

燒

煎炒

炒

已烤焦

烤焦

燎毛

燎

烙

使油炒

油炒烙

攤煎餅

使攤

攤

● 燒炒類

潤蒸

潽出

翻滾

使滾

滾

揚茶

使滾水炸菜

滾水炸菜

蒸

滾湯炸肉

使溫着

溫着

溫

揚茶水

使揚茶

熇烙

烹

烹炸

乾炒

乾炒着

使乾炒着

剝割類

剝

剝皮

齊剝皮

剝整皮

剝皮帶油

燖毛

齊燖毛

水熱湯住毛不下

漢語同上

割

割片

使割片

齊割片

碎割

刺骨縫

劈肋條

卸骨縫

零截開

使零截開

刮骨上肉

剜取肉

切小塊

切成塊

刺條子

劃開

一齊劃開

亂刺

香
味濃
有味
味

辣
酸
苦
鹹

略有燎煳氣
燎煳氣
澀
甜

●滋味類

些微割破
使卸下頦
卸下頦
截開骨縫
截開
刺
刺開煮

一齊切肉絲
切肉絲
切肉片
割薄肉片
割去浮層
剝去浮層
齊杈割斷

刮去魚鱗
刮魚鱗
一齊刮毛
刮毛
刮
雙刀刺羊肉
切肉釘

略韖

韖

和韖

揉挫韖

狠韖

和韖物

韖硬類

香臭味撲鼻

辣氣鑽鼻

氣息

臭

氣味

羶臊

魚肉腥

草腥氣

哈辣

略有氣味了

傷熱壞了

哈辣了

浸出水

味變了

餿了

麵糟了

味變難喫

味不中吃

起了白醭

白醭

麵子起的衣

飯奶子的味變了

酸物味變了

酸了

腐爛了

凍肉化了

盛　使撈　徹底舀

舀東西　撈　使撈出

舀　盛著　撈出

● 舀盛類

皮拉　狠硬　[illegible]物研壞

皮　極硬　衣服不骨立

酥脆　挺硬　紗緞骨立

發脆　甚硬　鐵生硬

脆　乾硬　絲線生硬

糠了　嚼不動的硬　飯粒碎硬

食物內爛　略硬　飯肉乾硬

酥輭　硬　堅硬

榨
使淬淋
淬淋
淬
造酒
使造酒
使澆水
澆水
澆

倒水
倒
使澄湯水
澄湯水
澄
淘米　使淘米
淘去砂子
淘砂子
榨酒

使倒淬乾
倒淬乾
倒淬
傾注
傾
使灌水
灌水
灌
使倒水

● 澆淬類

撇去浮物
使徹底酉

撇去浮油
使撇浮物

使撇浮油

氣頭米	笤箒高粱	小豆
倉米	黏高粱	豆
稜子米	高粱	蕎麥
老米	黍子	鈴鐺麥
次白米	糜子	青稞
秈米	涼穀米	大麥
江米	小黃米	麥子
粳米	小米	稗子
米	廒底米	草珠米
穀	漢語同上	玉秫

● 米穀類

灑出

致於灑出

水混出

蘋果

桃

果子

漢語同上

柿子

梨

杏

柿霜

柿餅

果品類

各樣麻子

蘇子

胡麻

芝麻

茶豆

莞豆

豇豆

蓁豆

粉子

麵

碎米渣子

炕穀米

米粒

場內落的雜糧

賊豆

杫子

米皮

糠

蕎麥皮

麻襯

麵料

黑蕎麥麵

蕎麥糁

蒙文分類辭典（果品類）

柑子
金橘
橘子
木瓜
佛手
香橼
石榴
檳子
沙果
李子
烏梅
楊梅
奈

晒乾棗
棗
橄欖
隈枝
荔枝
龍眼
枸橘
金豆
枳
泡
柚子
橙子
九頭柑

核桃
無花果
文官果
文光果
花紅
杜李
山查
櫻桃
野葡萄
黑葡萄
葡萄
榖棗
酸棗

蒙文書社出版

林檎
晉盤果
托盤果
梛子
榧子
稠李子
枸柰子
白果
瓜子
榛子
松子
栗子
山核桃

荸薺
菱角
蓮蓬
草荔枝
莢蘗果
紅酸
杜棣
五味子
皂李子
紅櫻
紅姑娘
羊桃
歐李子

瓞
民甜瓜
高麗香瓜
甜瓜
瓜縷了
肉瓤
沙瓤
瓤
西瓜
蕃薯
甘蔗
茨菇
芡實

漢語同上
吉祥草
瑞草
靈芝
草

安春香
著
桼蘆
參鬚
人參

荒餘草
青草芽
青草
芸香
七里香

● 草類

菓子蒂
果子臍
松塔
果子殼
果子皮
蜜餞果泥

菓生蟲
空松榛
葡萄藤
瓜蔓
瓜藤
菓子把

葡萄架
菓渣子
菓仁
捫熟
去核

藏
苞
荔
蘬
萯
鼠尾草
萹蓄
稗莠
穀莠
莠子
連角豆稭
茖蘘
羊草

莎草
烏拉草
蔴草
玉草
大蔴子
葛籐
蔴稭梃
檾蔴
線蔴
藍菊草
紫草
半夏
靡草

菖蒲
合歡草
短荻草
荻草
蘆花
蘆葦
燈草
萬年蒿
鹽地蒿
茅草
水甸莎草
白茸莎草
塔墩莎草

艾
藍
馬黃草
莖草
水上綠苔
蘋
荇菜
浮萍
水藻
水葱
蒲草
蒼朮
蒲棒

澇豆
蒼耳子
苜蓿
金絲草
兎絲草
蠡實
馬蘭草
益母草
茵蔯
黃蒿
黃艾
一枝蒿
野艾

蝎子草
漢語同上
爬山虎
搰煙葉
煙
葶藶
商陸
寒漿草
癩瓜
赤包子
落籽苗
淡竹葉
山豆

水松

杄松

竹

松

馬尾松

栢

樹

果松

落葉松

● 樹木類

瓦松塔

漢語亦同上

漢語同上

席草

地丁草

猪腸草

虎掌草

鬼針

蓬蒿

藺蔞草

臭根菜

水中石苔

串籠草

狗舌草

馬糞泡

石松塔

草介

席篾子

竹篾子

引火草

穰稭草

帳房内鋪的乾草

卸生口鋪的草葉

蒺藜

花梨木
紫檀
臭椿樹
漢語同上
香椿樹
椿樹
杉
椅木
胡桐
岡桐
漢語同上
梧桐樹
班竹

漆樹
黃檗
黃楊木
女貞
梓木
樟
豫
石楠
豆瓣楠
楠木
鐵木
烏木
鐵梨

柳
山楡
刺楡
楡
鷄桑
桑
紫杉
山茶
野茶
烏茶
楮木
緊逨
烏臼

三川柳
隨河柳
水柳
長柳
漢語亦同上
漢語同上
大葉柳
獨莖柳
坐地柳
柳條
蒲柳
垂楊柳
杞柳

臨河樹
獨梃柞木
橡
楓樹
山槐
槐
楸
椵樹
小葉楊
楊
冬青
花楸樹
山麻

虎威樹
老鸛眼
水樞梨木
樞梨木
山藤
樺木
小赤檀木
檀木
棟
山核桃樹
樺皮樹
婆蘿柯
婆蘿樹

荊條

蘇木

紅爆木

爆木

毒木

寄生木

山枸柰

灼木

山桃皮

金桃皮木

明開夜合

麗木

爕木

叢林

茅藤子

藤蘿

藤

櫻櫚

麝香木

公道老

榛子稭

榛子柯

皂角

皂角樹

棘刺

荊條墩

稠密

略厚密

厚密

枝葉高密

叢茂

擠簇

密

一片一片

一攢

小樹

枝柯叢生樹木

山後密林

平地樹林

枝葉下垂
枝葉四垂
枝葉垂蓋
草木不齊
枝杈稀疏
枝葉散漫
樹木參差
無皮枯樹
枝節疏散
略疏
疏
略稀
稀

樹杈枝
有枝的
枝
幹
本
根
砍後復生枝杈
生出嫩葉
嫩葉
草木青了
發了芽
草木叢雜
滴溜搭拉

樺皮
嫩皮
樹皮
樹心
柳絮
榆莢
松針
葉
枝尖
枝稍
盤根
錯節
樹椏杈

樹癤子
樹孔
樹包
柳艾梃上結的包
棍尖子
荊條棍
杆子
桅木
杉槁
杉木
樺皮過時老住
椴木皮
青柳枝皮

葉黃
樹頭
有刺的
有彎的
略光滑
樹皮光滑
草木豐美
樹直高
樹細高
樹津
糟樹癤
小樹癤
樹癤瓢

樹上砍的刻
木頭稍子
鉋花
鋸末
木塞子
木板
木頭墩
樹自枯
倒的樹梃
乾樹梃
地下落的葉
葉落
凋零

蘭花
麗春花
探春花
迎春花
蠟梅花
茶梅花
梅花
花

珍珠蘭
伊蘭
箸蘭
朱蘭
澤蘭
漢語同上
風蘭
木蘭花

海棠
魚兒牡丹
纏枝牡丹
秋牡丹
牡丹
蕙草
蕙蘭
蘭草

● 花類

朽了
朽木
木乾透

烟頭
燒柴
虫蛀了

燒過一頭木

玉蘂花
夾竹桃花
金絲桃花
朝日蓮
鐵線蓮花
西番蓮花
山蓮花
蓮花
秋海棠
木瓜海棠
垂絲海棠
貼梗海棠
西府海棠

合歡花
扶桑花
木槿花
枇杷花
黃杜鵑花
杜鵑花
梔子花
紫荊花
紫薇花
楝花
雪毬花
辛夷花
山礬花

野刺蘼花
刺蘼花
荷花薔薇花
朱千薔薇花
薔薇花
酴醿花
金沙花
金雀花
結香花
瑞香花
山茶花
桂花
木芙蓉

桔梗花
指甲花
鳳仙花
含笑花
素馨花
雪瓣花
茉莉花
棣棠花
百日紅花
木香花
四季花
月季花
黃白刺䕷花

七月菊花
菊花
剪紅沙花
剪金羅花
剪秋羅花
剪春羅花
剪羅花
側金盞花
金盞花
金燈花
芍藥花
凌霄花
紅花

山丹花
錦葵花
天葵花
蜀菊花
虞美人花
鷄冠花
罌粟花
石竹花
滴滴金花
雙鸞菊花
丈菊花
翠菊花
繡綫菊花

馬蓼花
百合花
水葱花
鹿葱花
萱花
丁香花
玉蘭花
瓊花
寶相花
水仙花
旌節花
玉簪花
金錢花

開了
開放
開
綻開
結咕嘟
咕嘟
花瓣
花心
重臺
朵
分枝
一枝
鷄蘇花

活了
蔫葉支生
蔫倒
蔫了
花叢
花架
花蒂
謝
鮮艷
紅鮮

● 鳥類

小灰鶴
灰鶴
青鶴
仙鶴
鶬
鵬
金吾
鷟
凰
鳳
鳥

茶雁
鴻雁
青鷺
鷺鷥
白鵰
開屏孔雀
孔雀
鸛
黃鵠
鵠
藍

虎斑虫
青莊
莊
淘河
秦雁
小黑頭雁
欽雁
小黃杓雁
黃杓雁
候雁
賓鴻

鶌瑪
水窪子
鵁鶄
戥殼子嘴
葦鳥
羊鵏
鵏
麥黃鷲
鵚鶖
鵜鶘
天鵝
水鷹
白鶴子

團鵰
芝麻鵰
青鵰
白鵰
花白鵰
黃白鵰
虎斑鵰
接白鵰
鵰
狗頭鵰
鷲鳥
皂鵰
老皂鵰

攔虎獸
兎鶻
海東青
蘆花海青
白海青
海青
鷹
角鷹
風鷹
青鷹
鷂鷹
花鷂鷹
倒歘鵰

蒙文書社出版

白超
花豹
山籠
籠鷹
秋黃
柏雄
鶯兒
鷂子
細雄
雀鷹
垜兒
鴉鶻垜兒
鴉鶻

魚鷹
鸕鶿
樹貓兒
鵂鶹
夜貓兒
鴞鳥
茅鴟
木兎
狠鶻
蝦蟆鷹
鸝鷹
窩雛
黑超

吐綬鷄
錦鷄
水鴞
鷗
翠奴
翠碧
魚虎
魚狗
海鷗
海鶻
鵰鷄
鷚
白鷺

半翅
田洞鷄
鷁雉
小水雞
澤雞
水雞
松雞
金錢雞
鴿
山花雞
鶡鷄
火鷄
駝鷄

海雉
翬
白雉
原鳥
夏翟
雉雞
烏雉
野雞
北樹雞
樹鷄
沙鷄
竹鷄
石鷄

紫頭鴨
泥踏趷
皮胡盧
麻鴨
蒲鴨
小冠鴨
冠鴨
野鴨
鷚
冦雉
奮雉
鴝雉
山雉

花鴨
玉眼鴨
油胡蘆
黑脚鴨
魚鴨
水胡蘆
小尾鴨
黃鴨
土鴛鴦
鸂鶒
鴛鴦
文鵪鴨
羅紋鴨

了哥
鸜鴒
八哥
木候
綠丁香鳥
黃丁香鳥
鸚哥
時樂鳥
鳳凰鸚鵡
鸚鵡
骨頂
落河
建華鴨

青鴉
元鳥
白鴉
花脖鴉
慈鴉
烏鴉
拖白練
練鵲
水喜鵲
山喜鵲
白喜鵲
靈鵲
喜鵲

雀　太平雀　十二黃

雀類

憑霄　靛花

刺毛鷹　鴛克呀克

鶻鳩　王岡哥　貼樹皮

黑鳩　鶡鴠　灼山鳥

可姑　鵙　松鴉

綠斑　翠雲鳥　夜明鳥

班雀　水花冠　打穀鳥

毛脚鴿　國公鳥　地奔牛

鴿子　布穀鳥　五班蟲

寒鴉　佛鳥　石青

黎雞
皂兒
灰兒
梧桐
白頭啄木
黑頭啄木
鑽打木
花啄木
朱頂大啄木
山啄木
反舌
戴勝
十二紅

水鵪
鴽
鵪鶉
沙溜子
樹札子
大水扎子
油罐兒
水鶿鳥
錦背不刺
寒露
鷹不刺
鷹雛
黃鸝

阿蘭
白翎
五道眉
淡黃道眉
黃道眉
白道眉
白眉
石畫眉
山畫眉
畫眉
鴂
瘴
鶛

蒙文分類辭典（雀類）

蛇燕
鳦
金燕
越燕
塞燕
鷙燕
沙燕
社燕
胡燕
石燕
紫燕
鳳頭阿蘭
灰色阿蘭

雙喜
信鳥
綠山鳥
黃山鳥
山鶘
珊瑚鳥
錦背
綠鳥
翡鳥
翠鷸
翠鳥
山火燕
燕雀

蘿蔔花
鶺鴒
水駱駝
地鳥
鵁
桃雀
桃蟲
鷦鷯
蘆葦鳥
葦喳子
水喳子
瑞紅鳥
吉祥鳥

蒙文書社出版

鶺鴒
萬春鳥
長春花鳥
金鈴
銅鈴
柿黃
黃鸝
金翅
金眼
蜀黍鳥
朱頂紅
靠山紅
麻雀

黑靛頦
藍靛頦
長喙鳥
嗝叭嘴
綠毛么鳳
倒掛鳥
交嘴
三和尚
提壺鳥
子規
侶鳳逑
想思鳥
山鷓

賓雀
家雀
兜兜雀
鐵脚
搖臀雀
腰鼓
葫蘆頭
虎頭鳥
蛇頭鳥
白頭郎
白頭翁
白靛頦
紅靛頦

頂毛

芙蓉冠

鳳頭

冠子

翅大翎

翅翎

有翅的

翅

撩風

翅稍小尾翎

窩翅

翅次翎

羽族肢體類

山雀

魚鱗雀

山花雀

白花雀

花斑

五更鳴

偷倉

穿草雞

天鷚

叫田子

哨天雀

麻葉雀

護松鳥

松花

柳葉雀

粉眼

槐串

戈豹

竹葉雀

仔仔黑

翎翅殘缺

毛撤住

脫毛禽鳥

換毛

爛氄毛

氄毛

身毛

尾翎

翅尾

蓋尾

尾

翎管

撩草

腿梃

鳥膝

膗

臊尖

臊跎踏

鳥尾樁

鳥脊背

膆子

嗉底

嗉子

黃嘴子

嘴丫黃

鳥嘴

鷹打條

鷹條

撒糞

糞

有腿的

有爪的

爪指

爪

後蹬

距

掌

展翅
抖毛
鳥雉喚雌
雉奮土
鳥鬆毛
疵了毛
鳥疵毛
雀點頭
燕啣泥
嗛食
嗛

飛的漫
掋翅疾飛
掋翅飛
擦地慢飛
擦地飛
飛起
飛
撲拉
雛鳥搧翅
不住的搧翅
搧翅

飛下擊物
抓住
籠住
鷹拿住
打樁
鷹擊物
漫山飛
雲起
鷹飄去
鷹飄起
飛騰

462

獬豸
酋耳
騶虞
麟
麒
獸

駮
角端
辟邪
天鹿
挑拔
白澤

象
豻
狐
狻猊
獅子
靈獸

● [Manchu] 獸類

落着
一翅落地
飛一翅
復抓住
鷹飛抓物

伏藏
雛肥難飛
棲止
棲息
野雞落樹

護羣
熟化了
鳥驚飛
驚慌
驚伏

蒙文分類辭典（獸類） 二二五

豹
彪
三歲虎
母虎
公虎
虎
斑犀
兕
犀
野騾
野馬
野駱駝
龍馬

羆
母馬熊
公馬熊
馬熊
兩歲熊
一歲熊
熊
金錢豹
白豹 艾葉白
青豹
黑豹
元豹
赤豹

梅花鹿
馬鹿
母鹿
公鹿
鹿
貘
脆牲
短腿熊
彀
母貔
公貔
貔
洞熊

蒙文書社出版

麞
牛大堪達漢
堪達漢羔
大堪達漢
母堪達漢
堪達漢
麅
三歲鹿
一歲鹿
鹿羔
野角鹿
角鹿
麈

狠
豺
海游麅
牛大麅
二歲麅
公麅
麅
麝父
香麞
麞麅羔
母麞麅
公麞
麕

大角羊
母盤羊
盤羊
羬羊
盤牙老野猪
獠牙野猪
將壯野猪
二歲野猪
一歲野猪
野猪崽
母野猪
公野猪
狽

果然
猿
猩猩
匾角羊
長尾黃羊
黃羊羔
母黃羊
公黃羊
黃羊
漢語同上
青羊
羚羊
石羊

猞猁猻
花班貍
赤貍
貍
沙狐
射干
九尾狐
元狐
黑狐
狐
彭猴
猴
狨

海豹
獺兒
貉
貛崽
老貛
貒
貛
水獺崽
母水獺
公水獺
水狗
水獺
猞猁猻崽

松鼠

灰鼠

銀鼠

銀鼠灰鼠總名

花金鼠

金鼠

艾虎

騷鼠

蜜鼠

母貂

公貂

貂

江獺

偃鼠

鼸鼠

香鼠

豆鼠

鼠

刺蝟

掃雪

野貓

跳兎

明視

兎

天馬

五道眉

磔鼠

鼳鼠

拱鼠

義鼠

碩鼠

鼷鼠

飛鸓

蝙蝠

飛鼠

肉翅鼠

鼯鼠

漢語同上

田鼠

● 走獸動息類

骨血糟
角根
鹿茸
有角的
角
獠牙
牙

蹄
奶核子
獸懷胎
獸胎
衣肐膪
胎胞
虎威骨

麞尾傍白毛
鹿尾根黃毛
班紋
蹄爪縫
爪指

● 走獸肢體類

竹鼠
唐鼠

水鼠
火鼠

食蛇鼠

牡畜三	羊	騸羊

諸畜類

上	中	下
鹿打泥	爪刨地	田鼠續窩
夏鹿成羣	抓	盜開洞
獸剮樹	用爪	鼠盜洞
母鹿尋子	遞爪	只是拱地
牡鹿尋牝	縱樸	猪拱地
搖尾	獸驚奔避	衆犬撕咬
鼠跳樹枝	聞聲臭避去	咬住
衆獸跳舞	從下躦行	趕着咬
撒歡	獸躦草	被齩
跳躍	擺尾	齩

牜大猪
老母猪
母猪
小牙猪
跑猪
豚兒
豬兒
猪
母山羊
公山羊
山羊
母羊
公羊

玉眼狗
小狗
狗崽
哈叭狗
二姓子狗
藏狗
長毛細狗
母狗
牙狗
狗
白蹄猪
蒼毛猪
奶光

翻毛鷄
糠鷄
鷄
笋鴨鵝
鴨
鵝
貓
寬破臉
破臉
黎狗
花鼻粱子狗
白顇子狗
四眼狗

下崽
下蛋
噶蛋
蛋黃
蛋清
蛋殼內嫩皮
蛋殼
蛋

牛交
猪肥不下崽
鷄上架
採欒
寡蛋
啄殼
分形
抱窩

生靈
活的
狗走時
猪叫圈
馬交
尋騍

● 牲畜孳生類

九觔黃
鬪鷄
絲毛鷄

秀尾小鷄
笋鷄
鷄雛

崽子
雌
雄

浴洼駿
綠耳
華騮
渠黃
山子
踰輪
白義
盜驪
赤驥
八駿
馬

月骷騋
漢語同上
徠遠騮
超洱驄
星文驎
明月題
繡鐵騧
錦雲騢
雪團花
蒼龍驥
歎玉驄

驪
騏
錦膊驄
碧雲騢
九花虬
拳毛騧
步影
旋毛馬
漢語同上
凌崑白
漢語同上

騍馬
兒馬
牲口
驢
騰
駝䮫
[illegible]
駃騠
駏驉
騾
明駝
橐駝
駝

馬柔和
馬隨手
馬伶便
馬穩重
未搭鞍馬
家生駒
四歲馬
三歲馬
二歲馬 小馬
馬駒
隔年下駒
飄騸
騸

難勒的馬
咆哮
馬啕氣
劣蹶
猖狂
有拴相
馴良
能耐遠
耐遠
皮辣
耐長
強壯
結實

脚步

走

脚步好

馬匹馳走類

蹄掌

蹄心

蹄

七寸子

腿挺骨

攬筋

大腿窪

馬後腿根

馬屁股梁

三岔骨

脖鬃

腦鬃

毛旋窩

毛搶着

毛順着

捲毛

毛稍

毛

駝峯

外腎

有毛的

脫毛

七寸子毛

鬃尾稀短

賊毛

鬃尾硬毛

銹尾

尾

駝項下長毛

淌顛
使大顛
大顛
軟顛
使顛
顛
顛着走
使大走
大走開
大走
小走
駝疾走
過步大

跑的急
跑的穩
使試演馬
試跑等第
拍馬
飛跑
使跑
跑
使放轡
放轡
馬撂蹶
躍走
淌走

一勒猛站住
猛自站住
壓韁站住
跑張
跑的歪
鞍心滉
跑的前身高
縱頭大
急快
跑的快
馳走雄壯聲
衆馬急走聲
衆馬走聲

打奔
嘴硬
嘴沉
嘴生
嘴飄
項軟
馬搖脖子
動作伶便
奪扯手
張狂

倒退
左右回頭
肯旁看
後軟腿
後趐寬
打前失
漢語同上
馬不把滑
漢語同上
馬把滑

眼岔
撒歡
亂跳
蹿跳
掙跳
單蹄刨
刨
站立不定
旋鐙
墜韁

● 馬匹動作類

四腿住

馬之不走

拏馬

使拏馬

套馬

套備馬匹類

合羣

單蹄彈

雙蹄拍

踢

摔人

撂蹶子

打腦椿

蹄跑熱了

驚跑

隨同眼岔隨同撒尿

亂眼岔

眼尖鼻作響

衆馬抖毛聲

搖頭

抖毛

打滾

臥

創癢

馬噴鼻

馬嘶

石上行走聲

磕絆聲

馬強壯

劣馬驚跑

忽驚閃

東躲西閃

噴鼻聲

馬鼻喘息聲

猛驚鼻響聲

眼岔馬鼻聲

疊騎
齊騎
去騎
騎牲口
騎

紉鐙
下牲口
下馬
騎上馬
騎馬

盤揉馬
壓馬
訓練馬
漢語同上
腿磕馬韂

騎駝類

圈牲
揸馬唇
絆馬
帶籠頭
綑馬
絟繩套馬

備馬
使牽領
牽領
溜牲口
使牽牲口
牽牲口

吆喝牲口聲
扯手掛在鞍鞽吊馬
褪嚼子
帶鞦棍
備駱駝備吊屜
搭屜

478

巡視
看守
牧放
牧羣

飲牲口
韁繩自開
拴着啃草
啃草

添草科
餧粥喂瘦馬
喂養
來飲牲口

牧養類

馱子
騾馬
坐馬
對子馬
頂馬
單騎
鬆懈

滿馱
顛均馱子
鞍㕑拴攬物件
馱
行裝
漢語同上
行李

卸下
馱子滴溜搭拉
行李疊額
沉重
裝載甚重
壘墜
滿載

● 牲畜器用類

黎花牛
四歲牛
三歲牛
二歲牛
牛犢
未使的牛
急牛
無角乳牛
無角騸牛
肥騸牛
騸牛

黑頭白頭牛
白牛
白脊梁牛
黑牛
豹花牛
黑頭紅牛
白肚臟牛
花牛
紅牛
青牛
淡黃牛

相項
項
牛餂犢
倒嚼
牛項下蔫皮
牛頦筋
牙
角
水牛
毛牛
白鼻梁牛

猪槽
槽
窩
罩鷄
鷄罩
鷄架
籠子
猪羊圈
猪窩
牲畜圈
馬圈
棚
牲口草棚

套攏
夾板子
籠頭
箍嘴
套馬杆
獸醫椿
擅鼻
鉋子
馬印子
鍘刀床
鍘刀丁
鍘草
鍘刀

猪食
雜糧粥
禽鳥食
料
吃剩草節
草
鼻鋦子
鐵蹄子
絆划子
絆
拴𣙜棍皮條
𣙜棍
坐鍬

魚
鰼鯉魚
鱄魚

● 河魚類

蛇信子
蛇入蟄

蛇
蛇蟒急過聲
龍吟

蟒
擺尾曲行
蛇退皮

虬
曲動
入蟄

螭
行動擺尾
蟄

蛟
蟠繞
漢語同上

龍
蛇渡水

● 龍蛇類

泔水
泔水底子

鱋魚
草根魚
鯮魚
鯉魚拐子
鯉魚
翹頭白
鰟頭
千鰷魚
鯖魚
鮀魚㹀子
細鱗白
鱒魚㹀子
白肚鱒魚

昂刺
牛尾魚
漢語同上
龍肝魚
鮎魚
淮子
松花魚
赤稍
黑鯿花魚
鯿花魚
重唇魚
花鱒魚
厚魚

鰢口
鰺條
黃鱓
白鱓
鱓魚
漢語同上
黑魚
狗魚㹀子
狗魚
大鮻魚
鮻魚
鯽魚
白鮻魚

白鱎魚
銀魚
黃鯝魚
小魚
母鯕鮇魚
公鯕鮇魚
鯕鮇魚
細鱗梭魚
擺過子鰟頭
母方口鰟頭
公方口鰟頭
方口鰟頭
花點魚

泥鰍
金魚
石鰊魚
瘫魚
大船釘魚
大頭釘
紅睛魚
船釘魚
穿沙魚
觔斗魚
葫蘆片
鰣魚
柳根池

龜
螺螄
小螺螄
蛤
蛤蜊
蝌蚪
蝦蟆
青蛙
紅肚小田雞
田雞
哈什螞
鰕
螃蟹

海馬
海貛
海麢
江猪
魜魚
鱸魚
水熊
水虎
房魚
海魚

鯧魚
海鰻魚
海鰗魚
海島魚
白帶魚
海鯽魚
白膏魚
漢語同上
海驢
牛魚

河豚
青島子
文鰩魚
鱎魚
黃雀魚
黃魚
白鯇魚
扁魚
大肝魚
砂魚

海魚類

黿
鼉
鼈

鱗

有鱗的

鰓

● 鱗甲肢體類

比目魚

洋魚

鮹魚

魿魚

白條魚

白鯇

青鯇

鮅魚

魾魚

臘豚

海蟹

海巴

海螺螄

蜃

海螺

吹沙小魚

方口小魚

麵條魚

鰃鮒魚

鞋底魚

魚羣

魚子

海鴂子

母魚

公魚

海蛇

海參

海蝦

蚨蠖
蠶繭
蠶
蟲
短狐
射工
花毛蟲
食苗蟲
百足蟲
蝸牛
牛兒
蟑螂

● 蟲類

殼蓋
鰼鰉魚膘貼
魚油田雞
魚白
魚刺
後分水
前分水
魚躍
魚擺子
魚發泡
水面吞食
蝦蟆癩
螃蟹夾子
蛤蜊殼
有殼的
魚跰聲
翻跰
魚翻
活跳
魚成羣

蚱蜢
螞蚱
墮河蟲
釣魚蟲
魚腹蟲
井中紅絲蟲
楊辣子
盤蚤
蛐蟲
江米蟲
蠹蟲
磕頭蟲
漢語同上

螟
蛹子
蝗蟲
灰色蚱蜢
蟈蟈兒
叫螞蚱
墩子螞蚱
土螞蚱子
土螞蚱
扁担
漢語亦同上
漢語同上
螳螂

竈螞兒
漢語同上
金鐘兒
促織
蝲蝲蛄
賣糖的
秋涼兒
螞螂
蛣蟟
蟯螂
蠆
蝥
螣

蝴蝶
蜘蛛
蜈蚣
蠍子
蠍虎子
土蜂
螟蛉
螞蜂
大螞蜂
蜜隔
蜜蜱
蜜蜂
油葫蘆

白⿰虫害虻
青頭大⿰虫害虻
⿰虫害虻
大黃蚊子
蚊
小黑蠅
麻豆蠅
狗蠅
綠豆蠅
螥蠅
螢火蟲
撲燈蛾
小蝴蝶

蟣子
虱子
寸白蟲
蛔蟲
馬蟞
曲蟮
飛螞蟻
螞蟻
蠓蟲
柏蛉子
蠅虎兒
蠅虻
花頭小⿰虫害虻

蒙文分類辭典（蟲動類）

多足虫行動

屈動

屈伸前走

虫拱動

叮

螫

蠅鑽隙

蠅蟻羣聚

物生虫

蝴蝶等物緩飛

蛆虫聚拱

衆虫齊動

蚱蜢飛聲

鼓翅鳴

羣虫聲

蛆拱

蠅蟻堆聚

虫蟻集聚

● 蟲動類

漢語同上

臭蟲

狗蟞

八脚子

跳蚤

屁板蟲

蛀毛虫

蠐螬

蚱

蛆

毛毛虫

漢語同上

螉眼蟲

脹牛虫

蚱蜢連叫聲

蚱蜢叫聲

虫蛐叫聲

螞蚱飛起聲

花[illegible]蠅飛聲

書名
冊数
版別
紙
議價
議价章
年
月
日
編号
字第
号